2024年度版

金融業務 **3** 級

DX（デジタルトランス フォーメーション）コース

試験問題集

一般社団法人 金融財政事情研究会

◇ はじめに ◇

　本書は、「金融業務3級　ＤＸ（デジタルトランスフォーメーション）コース」試験の受験者の学習の利便を図るためにまとめた、試験問題集です。

　経済産業省の公表する「デジタルガバナンス・コード2.0」によれば、ＤＸとは、「企業がビジネス環境の激しい変化に対応し、データとデジタル技術を活用して、顧客や社会のニーズを基に、製品やサービス、ビジネスモデルを変革するとともに、業務そのものや、組織、プロセス、企業文化・風土を変革し、競争上の優位性を確立すること」と定義されています。ＤＸの具体像を作り上げるのは、ＤＸに取り組む企業です。

　一方で、経済産業省が2024年3月に策定した「ＤＸ支援ガイダンス」では、ＤＸへの取組みは、企業規模や業種・業界にかかわらず、すべての企業にとっての課題であるものの、中堅・中小企業等においては独力でのＤＸ推進は困難であり、金融機関などの支援機関が伴走役となってＤＸ支援を行っていくことが重要であるとの認識が示されています。加えて、同ガイダンスでは、支援機関自身におけるＤＸへの取組みの遅れが、中堅・中小企業等に対するＤＸ支援の大きな課題となっていることも指摘されています。近時の金融機関およびその役職員にとって、取引先企業の支援を行っていくうえでも、自社のＤＸを実現するうえでも、ＤＸに係る基本的知識の習得は不可欠といえるでしょう。

　本書は、金融機関の役職員がＤＸに係る基本的知識を養うための問題を取り揃えています。なお、より学習の効果をあげるためには、受験教材である通信教育講座「金融ＤＸがよくわかる講座」に取り組まれることもお勧めします。本書を有効に活用して、「金融業務3級　ＤＸコース」試験に合格され、自社のＤＸ、または取引先企業のＤＸを推進されることを期待しています。

2024年6月

　　　　　　　　一般社団法人　金融財政事情研究会　検定センター

◇◇目　次◇◇

第3章　ＤＸ推進関連法規等

第 4 章　情報セキュリティ等

┌───┐
〈法令基準日〉

本書は、問題文に特に指示のない限り、2024年7月1日（基準日）現在施行の法令等に基づいて編集しています。
└───┘

┌───┐
◇ CBT とは◇

　CBT（Computer-Based Testing）とは、コンピュータを使用して実施する試験の総称で、パソコンに表示された試験問題にマウスやキーボードを使って解答します。金融業務能力検定は、一般社団法人金融財政事情研究会が、株式会社シー・ビー・ティ・ソリューションズの試験システムを利用して実施する試験です。CBT は、受験日時・テストセンター（受験会場）を受験者自らが指定できるとともに、試験終了後、その場で試験結果（合否）を知ることができるなどの特長があります。
└───┘

┌───┐
本書に訂正等がある場合には、下記ウェブサイトに掲載いたします。
https://www.kinzai.jp/seigo/
└───┘

───〈凡例〉───────────────────────────

- ・ＤＸ…デジタルトランスフォーメーション
- ・ＤＸ支援ガイダンス…ＤＸ支援ガイダンス－デジタル化から始める中堅・中小企業等の伴走支援アプローチ－
- ・ＤＸレポート…ＤＸレポート～ＩＴシステム「2025年の崖」の克服とＤＸの本格的な展開～
- ・ＤＸレポート２…ＤＸレポート２（中間取りまとめ）
- ・ＤＸレポート2.1…ＤＸレポート2.1（ＤＸレポート２追補版）
- ・ＤＸレポート2.2…ＤＸレポート2.2（概要）
- ・協金法…協同組合による金融事業に関する法律
- ・金融サービス仲介業…金融サービスの提供及び利用環境の整備等に関する法律11条に定義される金融サービス仲介業
- ・金融サービス提供法…金融サービスの提供及び利用環境の整備等に関する法律
- ・金融商品販売法…金融商品の販売等に関する法律
- ・公金受取口座登録法…公的給付の支給等の迅速かつ確実な実施のための預貯金口座の登録等に関する法律
- ・個人情報保護法…個人情報の保護に関する法律
- ・資金決済法…資金決済に関する法律
- ・信金法…信用金庫法
- ・デジタルプラットフォーム取引透明化法…特定デジタルプラットフォームの透明性及び公正性の向上に関する法律
- ・特定商取引法…特定商取引に関する法律
- ・特定電子メール法…特定電子メールの送信の適正化等に関する法律
- ・番号法…行政手続における特定の個人を識別するための番号の利用等に関する法律
- ・犯罪収益移転防止法…犯罪による収益の移転防止に関する法律
- ・不正アクセス禁止法…不正アクセス行為の禁止等に関する法律
- ・プロバイダ責任制限法…特定電気通信役務提供者の損害賠償責任の制限及び発信者情報の開示に関する法律

・預貯金者番号利用法…預貯金者の意思に基づく個人番号の利用による預貯金口座の管理等に関する法律

「金融業務３級　ＤＸ（デジタルトランスフォーメーション）コース」試験概要

　デジタル化への対応が急務とされる金融機関にとって、自金融機関内部の業務効率化等はもとより、お客様への付加価値提供、課題解決型顧客支援に資する、デジタル関連の知識は欠かすことができません。本試験は、ＤＸ時代において必須とされるAI、IoT、FinTech等のテクノロジーの基本理解を出題範囲とし、ＤＸにおける業務変革、顧客支援に関する実務対応力を検証します。

■受験日・受験予約　　通年実施。受験者ご自身が予約した日時・テストセンター（https://cbt-s.com/examinee/testcenter/）で受験していただきます。

■試験の対象者　　　　営業店の渉外・事務担当者、管理者、本部のデジタル・IT関連部署担当者等
※受験資格は特にありません。

■試験の範囲　　　　　１．情報技術（ＩＴ）基礎知識
２．デジタル技術最新動向
３．ＤＸ推進関連法規等
４．情報セキュリティ等
５．顧客の価値向上に資するＤＸ推進

■試験時間　　　　　　100分　試験開始前に操作方法等の案内があります。

■出題形式　　　　　　四答択一式50問

■合格基準　　　　　　100点満点で60点以上

■受験手数料（税込）　5,500円

■法令基準日　　　　　問題文に特に指示のない限り、2024年７月１日現在施行の法令等に基づくものとします。

■合格発表　　　　　　試験終了後、その場で合否に係るスコアレポートが手交されます。合格者は、試験日の翌日以降、「金融ＤＸアドバイザー」の認定証をマイページからPDF形式で出力できます。

■持込み品	携帯電話、筆記用具、計算機、参考書および六法等を含め、自席（パソコンブース）への私物の持込みは認められていません。テストセンターに設置されている鍵付きのロッカー等に保管していただきます。メモ用紙・筆記用具はテストセンターで貸し出されます。計算問題については、試験画面上に表示される電卓を利用することができます。
■受験教材	・本書 ・通信教育講座「金融ＤＸ（デジタルトランスフォーメーション）がよくわかる講座」
■受験申込の変更・キャンセル	受験申込の変更・キャンセルは、受験日の３日前までマイページより行うことができます。受験日の２日前からは、受験申込の変更・キャンセルはいっさいできません。
■受験可能期間	受験可能期間は、受験申込日の３日後から当初受験申込日の１年後までとなります。受験可能期間中に受験（またはキャンセル）しないと、欠席となります。

※金融業務能力検定・サステナビリティ検定の最新情報は、一般社団法人金融財政事情研究会のWebサイト（https://www.kinzai.or.jp/kentei/news-kentei）でご確認ください。

第1章

情報技術（IT）基礎知識

1－1 コンピューターの5大装置

《問》コンピューターの5大装置に関する次の記述のうち、最も適切なものはどれか。
1) コンピューターにおける出力装置とは、コンピューターで処理された情報を人間が認識できる情報に変える装置のことをいい、シーケンサーやアクチュエーターなどが該当する。
2) コンピューターにおける演算装置では、処理命令に従ってデータを処理する一方、入力装置の指示で、その演算結果を転送させて主記憶装置に記憶させる。
3) コンピューターにおける装置のうち、制御装置と記憶装置を合わせてCPUという。
4) コンピューターにおけるCPUは、クロック周波数やビット数などでその性能を表す。

・解説と解答・

1) 不適切である。出力装置とは、コンピューターで処理された情報を人間が認識できる情報に変える装置のことをいい、ディスプレーやプリンターなどが該当する。コンピューターは入力装置、出力装置、記憶装置、演算装置、制御装置と呼ばれる5つの装置（機能）で構成されている。
2) 不適切である。演算装置では、処理命令によってデータを処理し、制御装置の指示で主記憶装置に記憶させる。制御装置によってコンピューターの各機能は正常に動作するように指示される。
3) 不適切である。コンピューターのうち、制御装置と演算装置を合わせて、中央演算処理装置（CPU：Central Processing Unit）という。
4) 適切である。クロック周波数は、CPUが処理を実行する際の信号を扱う速さのことで、回路が処理歩調を合わせる信号（クロック）が1秒間に何回発生するかを表す。クロック数、クロックとも呼ばれる。値が大きい程、高速処理が可能で、高性能となる。1秒間に10億回振幅する場合は1GHz（ギガヘルツ）と表す。ビット数は1回の演算で処理できるデータ量を表す。値が大きい程、扱える情報量が多くなり、高性能となる。

正解　4)

1－2　プロセッサーの基礎

《問》プロセッサーに関する次の記述のうち、最も不適切なものはどれか。

1）コンピューターの中核となるプロセッサーは主に制御装置と演算装置から構成され、CPUとも呼ばれる。

2）プロセッサーの性能を表す指標の1つにコア数があり、一般にコア数が多いほど性能は高い。

3）プロセッサーの性能を表す指標の1つにビット数があり、処理できるデータ量を2進数で表したものである。

4）プロセッサーの性能を表す指標の1つにクロック周波数があり、その単位はdBである。

・解説と解答・

1）適切である。コンピューターの頭脳にあたるCPUは制御装置と演算装置の機能を持つ。なお、部品点数の制約があるスマートフォンの場合、これらに加え記憶装置の機能も一体化していることもある。

2）適切である。CPUの心臓部であるコアが多いほど、同時に並行して処理を実行できる。1つのCPUに2つのコアプロセッサーがあるとデュアルコアCPU、4つあるとクアッドコアCPU、6つあるとヘキサコアCPU、8つあるとオクタコアCPUと呼ばれる。

3）適切である。ビット数は1回の演算で処理できるデータ量を表す。ビット数が多いほど一度に大きな計算が可能であり、大容量の主記憶装置を接続することができる。1ビットは「0」と「1」の2通り、2ビットは「00」「01」「10」「11」の4通りの情報を表すことができる。8ビットは1バイト。

4）不適切である。クロック周波数の単位はHz（ヘルツ）である。クロック周波数は、CPUが処理を実行する際の信号を扱う速さのことで、回路が処理歩調を合わせる信号（クロック）が1秒間に何回発生するかを表す。値が大きい程、高速処理が可能で、高性能となる。1秒間に10億回振幅する場合は1GHz（ギガヘルツ）と表す。

正解　4）

1－3　コンピューターの記憶装置

《問》コンピューターの記憶装置に関する次の記述のうち、最も適切なものはどれか。
1）記憶装置のうち、電源を切るとデータが消える性質（揮発性）を持つものをROM、電源を切ってもデータが消えない性質（不揮発性）を持つものをRAMという。
2）RAMには、半導体メモリーのほか、磁気やレーザー光で記憶する方式がある。
3）DRAMは、電源を切ってもデータが保持され、書き換えが可能なため、デジタルカメラからＰＣへのデータ移動にも使用される。
4）記憶装置は、一度記憶すると書き換えできない読み取り専用のものと、読み書きができるものに分類される。

・解説と解答・

1）不適切である。記憶装置の分類方法はさまざまであるが、電源を切ることでデータを失う揮発性のRAM（Random Access Memory：ラム）、電源を切ってもデータは消えない不揮発性のROM（Read Only Memory：ロム）に大別される。
2）不適切である。選択肢はROMに関する記述である。BIOS（コンピューター起動時にハードウェアの管理や制御を行うマザーボード上のプログラム）や、ハードディスクドライブ（HDD）など、ROMはデータの長期保存目的で使われる。ROMには、半導体メモリーのみならず、磁気やレーザー光で記憶するなどの方式がある。
3）不適切である。DRAM（Dynamic Random Access Memory）は、電源を切るとデータが失われるため、記憶保持のためには一定時間ごとにアクセスし電荷を補充するリフレッシュ操作が必要である。主にコンピューターの主記憶装置に使われる。選択肢はUSBメモリーやＳＤメモリーカード等に使われるフラッシュメモリーに関する記述である。
4）適切である。ROMは読み取り専用のものと読み書きが可能なものがある。RAMは読み書きが可能である。

正解　4）

1－4　OSの基礎

> 《問》OSに関する次の記述のうち、最も適切なものはどれか。
> 1）1台のコンピューターに複数のOSをインストールすることはできない。
> 2）Androidは、主にスマートフォンなどの携帯端末で採用されるOSの一種である。
> 3）OSは、ハードディスクドライブなどの内蔵ストレージのみから起動することができる。
> 4）代表的なオープンソースソフトウェアのOSに、LinuxおよびiOSがある。

・解説と解答・

1）不適切である。1台のコンピューターにOS（オペレーティングシステム）を複数インストールすることは可能であり、起動時にOSを選択することもできる。OSは基本ソフトウェアとも呼ばれ、コンピューターの起動から終了まで、基本的な機能を提供するものをいう。タスク管理、ジョブ管理、ユーザー管理、入出力管理、ファイル管理などの機能がある。一方、応用ソフトウェア（アプリケーションソフトウェア）は、表計算や文書作成、メール送受信など特定の目的で使用されるものをいう。

2）適切である。Android（アンドロイド）は米国グーグル社が開発したOSで、多くのメーカーのスマートフォンやタブレット端末などで使われている。

3）不適切である。ハードディスクドライブ（HDD）やソリッドステートドライブ（SSD）といった内蔵ストレージのみならず、USBメモリーなどからの起動も可能である。

4）不適切である。オープンソースソフトウェアとは、ソースコード（プログラム）が公開されており、配布、改変が可能なソフトウェアのことをいう。代表的なオープンソースソフトウェアはLinuxやAndroidなどであるが、米国アップル社が開発したiOS（アイオーエス）は、同社製のスマートフォンやタブレット端末専用のOSで、オープンソースソフトウェアではない。

<u>正解　2）</u>

1−5　OSの機能

《問》 OSの機能に関する次の記述のうち、最も不適切なものはどれか。

1）OSの機能のうち、コンピューターが行う仕事を管理することをタスク管理といい、多くのOSでは、同時に2つのタスクを処理するデュアルタスクが採用されている。

2）OSの機能のうち、ユーザーから見たコンピューターの処理をジョブといい、その処理の順序を監視・制御することをジョブ管理という。

3）OSの機能のうち、複数のユーザーがコンピューターを使用することを実現するための仕組みをユーザー管理といい、コンピューター内の資源をユーザーごとに管理することができる。

4）OSの機能のうち、入出力装置であるキーボードやマウスなどを管理することを入出力管理といい、入出力制御機能の高速化の仕組みをスプーリングという。

・解説と解答・

1）不適切である。多くのOSでは、複数のタスクを交互に処理するマルチタスクが採用されており、複数のアプリケーションを起動しながら作業することができる。

2）適切である。

3）適切である。登録されたユーザーだけがコンピューターを使えるように制御するユーザー管理は、ユーザーIDの登録や抹消の管理、ユーザー別アクセス権の管理なども行う。

4）適切である。スプーリング（スプール）とは、補助記憶装置や入出力装置側のメモリーにデータを一時的に書き込むことで、コンピューターを効率よく動かす仕組みのことをいう。例えば、プリンターの高速化に有効である。

正解　1）

1－6　オープンソースソフトウェア

《問》オープンソースソフトウェアに関する次の記述のうち、最も不適切なものはどれか。

1）オープンソースソフトウェア利用のメリットは、ライセンス条件に従えば、利用者の環境に合わせてソースコードを改変できることである。
2）オープンソースソフトウェア利用のメリットは、ソフトウェアの初期コストを抑えられることである。
3）オープンソースソフトウェア利用のデメリットは、サポート体制が十分でないことなどから、原則、技術サポートを無償で受けられないことである。
4）オープンソースソフトウェア利用のデメリットは、無償または安価なために、高機能なソフトウェアに発展しないことである。

・解説と解答・

1）適切である。オープンソースソフトウェア（OSS）とは、ソースコード（プログラム）が公開されており、誰でも配布、改変が可能なソフトウェアのことをいう。無償であるケースが多いため初期コストが抑えられ、自社システムに合わせてソースコードの改変（カスタマイズ）がしやすいことがメリットとされる。ただし、著作権が放棄されているわけではなく、カスタマイズはライセンス条件に沿っていなければならないことに留意が必要である。
2）適切である。上記1）の解説参照。
3）適切である。サポート体制が十分でないことに加え、一般にどのライセンスも、その動作に関し無保証である。
4）不適切である。ソースコードが公開されていることから、世界中の技術者が改変を加え、高機能なソフトウェアに発展することも多い。ソースコードが公開されていることで、バグ（プログラムの不具合）が見つかりやすいこともメリットである。

<u>正解　4）</u>

1−7　ファイル管理とバックアップ

《問》ファイル管理に関する次の記述のうち、最も不適切なものはどれか。
1）複数のファイルをまとめて保存する入れ物をディレクトリ（フォルダ）といい、1つのディレクトリの中に複数のファイルやディレクトリが入っている場合、全体が階層構造を構成する。
2）データ消失に備えたファイルのバックアップ方法には、最後に実施したフルバックアップ以降に変更されたデータをバックアップする差分バックアップがある。
3）データ消失に備えたファイルのバックアップは、変更されたデータをリアルタイムでバックアップ対象とする必要があるため、一般に業務処理と同時に実行する。
4）データ消失に備えたファイルのバックアップ方法には、直前に行ったバックアップ以降に変更されたデータをバックアップする増分バックアップがある。

・解説と解答・

1）適切である。
2）適切である。データ消失に備えたファイルのバックアップ方法には、①すべてのデータをバックアップするフルバックアップ、②最後に実施したフルバックアップ以降に変更されたデータをバックアップする差分バックアップ、③直前に行ったバックアップ以降に変更されたデータをバックアップする増分バックアップがある。バックアップのデータ量が多く、バックアップにかかる時間が長い順に、フルバックアップ、差分バックアップ、増分バックアップとなる。
3）不適切である。データ消失に備えたファイルのバックアップは、業務処理中に実行するとデータの整合性が取れなくなる可能性があるため、一般にバックアップと業務処理は重ならないように実行する。このほか、バックアップする際の注意点として、更新頻度に合わせて定期的に実行することや、バックアップ先は別媒体にすることなどがある。
4）適切である。上記2）の解説参照。

正解　3）

1－8　マルチメディアデータ形式

《問》マルチメディアデータ形式に関する次の記述のうち、最も適切なものはどれか。

1）JPEGは、静止画データに利用される一般的なデータ形式で、約1,677万色の24ビットフルカラーで表現できる。

2）PNGは、動画データに利用される一般的なデータ形式で、DVDやデジタル放送などに利用される。

3）MPEG-4は、音声データに利用される一般的なデータ形式で、インターネット上の音楽配信などに利用される。

4）MP3は、動画データに利用される一般的なデータ形式で、低速通信から高速通信まで幅広い用途に対応する。

・解説と解答・

1）適切である。

2）不適切である。PNGは、静止画データに利用される一般的なデータ形式であり、48ビットフルカラー表現が可能であるため、イラストや写真に使われる。静止画データに利用されるデータ形式には、PNGのほか、JPEG、GIF、BMPなどがある。

3）不適切である。MPEG-4は、動画データのデータ形式であり、インターネット上のストリーミング再生などに適している。動画データに利用されるデータ形式には、MPEG-4のほか、MPEG-1、MPEG-2などがある。

4）不適切である。MP3は、音声データのデータ形式であり、インターネット上の音楽配信などに使われる。音声データに利用されるデータ形式には、MP3のほか、WAVEなどがある。

<u>正解　1）</u>

1－9　仮想空間技術

《問》仮想空間技術に関する次の記述のうち、適切なものはいくつある
か。
(a) メタバースとは、「超越（meta）」と「宇宙（universe）」を組み合
わせた言葉で、一般に、多くの人が活動できるオンライン上の仮想
空間のことをいう。
(b) ＶＲとは、コンピューター上に人工的な環境を作り出し、あたかも
そこにいるかのような感覚を体験できる技術のことをいう。
(c) ＡＲとは、現実の風景にコンピューターで生成した情報を重ね合わ
せることで、現実世界を拡張しようという技術のことをいう。
(d) ＭＲとは、人工的な仮想空間と現実空間を融合させ、両者がリアル
タイムで影響し合う新たな空間を構築する技術のことをいう。

1）　1つ
2）　2つ
3）　3つ
4）　4つ

・解説と解答・

(a) 適切である。総務省「「Web3時代に向けたメタバース等の利活用に関す
る研究会」中間とりまとめ」によると、メタバースとは、「ユーザー間で
「コミュニケーション」が可能な、インターネット等のネットワークを通
じてアクセスできる、仮想的なデジタル空間」と定義されている。メタ
バースのサービスの中には、固有性の高いデジタルデータに唯一無二の価
値を付加するNFT（Non-Fungible Token）技術に基づく暗号資産取引が
行われるものもあるが、こうしたサービスが詐欺や金融サイバー犯罪の温
床となることが懸念されている。他にも、デジタルコンテンツ複製による
著作権侵害なども指摘されるところであり、利用規約の整備による不正行
為の禁止が望まれている。
(b) 適切である。ＶＲ（Virtual Reality：仮想現実）技術の事例としては、Ｖ
Ｒゴーグルなどの専用機器を装着してゲームや映画などのＶＲ映像を楽し
むことが挙げられる。

(c)　適切である。ＡＲ（Augmented Reality：拡張現実）技術の事例として
　　は、服や家具をＣＧ化して画面越しに試着する、あるいは部屋に置いたと
　　きのシミュレーションをするなどのサービスがある。

(d)　適切である。ＭＲ（Mixed Reality：複合現実）技術では、カメラやセン
　　サーなどを駆使して現実世界に合わせたデジタル映像が投影されるため、
　　映像を自由な角度から見る、映像に触れて操作するといったことが可能に
　　なる。また、複数人で同時に同じＭＲ空間を体験できるという点も、ＶＲ
　　やＡＲにはない特徴である。

正解　4）

1-10 システムの仮想化

《問》コンピューターシステムの仮想化に関する次の記述のうち、最も不適切なものはどれか。
1) 仮想化とは、物理的な1台のコンピューター上に、複数のOSやアプリケーションを動作させ、複数の仮想的なコンピューターが稼働しているかのように運用する技術のことをいう。
2) VMDとは、デスクトップ環境を仮想化させ、パソコンのデスクトップ環境をサーバー上で稼働させる技術のことをいう。
3) VMとは、仮想化技術を用いて、仮想的に作られたコンピューターのことをいい、その構築手法としては、「ホスト型」「ハイパーバイザー型」などがある。
4) 複数のOSとソフトウェアをサーバー上で利用できるようにするサーバー仮想化のメリットは、コスト削減や省スペース、効率化などである。

・解説と解答・

1) 適切である。仮想化技術により作成される仮想的なコンピューターのことを、仮想マシンまたはVM（Virtual Machine）という。仮想化によって、サーバーの効率的な運用が可能となり、管理コスト削減などが期待できる。一方、複数の仮想マシンが存在しているかのように動作するためには、物理サーバーのハードウェアリソース（資源）を利用する処理が必要となることから、物理サーバーのまま利用する場合と比べて性能が低下することが多い。なお、仮想化技術の中でも、複数の仮想マシンを1台のコンピューターのように利用することをクラスタリングという。
2) 不適切である。デスクトップ環境を仮想化させ、パソコンのデスクトップ環境をサーバー上で稼働させる技術をVDI（Virtual Desktop Infrastructure）といい、利用者はシンクライアント端末からサーバーへアクセスする。シンクライアント端末は、サーバーに接続して使う端末で、データは端末内には残らないことから、情報漏えい対策に有効とされる。なお、VMD（Visual Merchandising）とは、マーチャンダイジング（商品計画・商品化計画）の視覚化を意味するマーケティング用語である。
3) 適切である。「ホスト型」は、サーバーなどにOSをインストールし、そ

　の上に仮想化ソフトウェアを使って仮想マシンを構築する手法を指す。一方、「ハイパーバイザー型」は、サーバーなどにハイパーバイザーソフトウェアと呼ばれる特定の仮想化ソフトウェアをインストールし、その上に仮想マシンを構築する手法を指す。

4）適切である。

正解　2）

1−11　システムの集中処理と分散処理

《問》コンピューターシステムの処理形態に関する次の記述のうち、最も
　　適切なものはどれか。
1）集中処理は、1台の大型コンピューターで処理するため、レスポン
　　スタイムは分散処理に比べて遅くなる。
2）集中処理は、管理が容易でコスト効率が高い反面、データの処理を
　　1台のコンピューターあるいは1カ所の施設で集中して行っている
　　ため、ハッキングの対象になりやすくセキュリティ面でのリスクが
　　大きい。
3）分散処理は、ネットワークに接続された複数のコンピューターで処
　　理するため、部分的なシステム移行が可能である。
4）クライアントサーバーシステムは、サーバーとクライアントのパソ
　　コンが処理を分担して行うが、サーバーへの負荷が増大した場合で
　　も、サーバーを増設することはできない。

・解説と解答・

1）不適切である。1台のホストコンピューターで集中処理するため、レスポ
　　ンスタイム（応答時間）は分散処理に比べて早くなる。また、一元管理が
　　可能となるため、セキュリティ対策などがしやすい。一方、ホストコン
　　ピューターが故障した場合、システム全体に影響が及ぶおそれがある。
2）不適切である。コンピューターセンターに設置された大型の汎用コン
　　ピューターを使用するため、システム開発の規模が大きくなるケースが多
　　い。一方、1台のホストコンピューターで集中処理するため、セキュリ
　　ティを確保しやすい。
3）適切である。
4）不適切である。分散処理形態の1つであるクライアントサーバーシステム
　　は、サーバーとクライアントのパソコンが処理を分担して行うが、サー
　　バーへの負荷が増大した場合はサーバーを増設して負荷を分散することが
　　容易である。

正解　3）

1－12　システムの性能評価

《問》コンピューターシステムの性能評価に関する次の記述のうち、最も不適切なものはどれか。

1）スループットとは、代表的なシステムの性能評価指標の1つであり、単位時間あたりに処理される仕事の量のことをいう。

2）オーバーヘッドとは、システムの性能評価指標を高める技術の1つであり、サーバー台数を増やすことによる性能向上のことをいう。

3）ターンアラウンドタイムとは、代表的なシステムの性能評価指標の1つであり、コンピューターシステムに、端末から処理要求を開始した時点から、端末上でその結果の出力が終わるまでの時間のことをいう。

4）レスポンスタイムとは、代表的なシステムの性能評価指標の1つであり、コンピューターシステムに、端末から処理要求を出し終えた時点から、当該端末がシステムから最初の応答を得るまでの時間のことをいう。

・解説と解答・

1）適切である。具体的には、1時間あたりに処理されるトランザクション（複数の処理や操作のまとまり）の数などで示される。

2）不適切である。オーバーヘッドとは、コンピューターシステムに対して指示した処理とは直接関係のない付加的な処理やシステムにかかる負荷のことをいう。選択肢はスケールアウトに関する記述である。サーバーの台数を増やすスケールアウトに対し、スケールアップは、サーバーの台数を増さず、サーバーそのものの機能を強化することによる性能向上のことをいう。

3）適切である。ターンアラウンドタイムが短いほど、ユーザーにとって、待ち時間が短くなることを意味する。ターンアラウンドタイムはレスポンスタイムよりも長くなる。

4）適切である。レスポンスタイムが短いほど、ユーザーにとって、処理の待ち時間が短くなることを意味する。

正解　2）

1－13　システムの信頼性向上

《問》コンピューターシステムの信頼性を高めるための設計概念に関する
　　　次の記述のうち、最も適切なものはどれか。
　1）障害発生時に、一部の機能を低下させてもシステムを稼働させるこ
　　　とを優先する設計概念を、「フールプルーフ」という。
　2）障害発生時に、構成要素の一部が機能を失っても、全体としての機
　　　能を保ち、正常に稼働するように制御する設計概念のことを、
　　　「フォールトトレランス」あるいは「フォールトトレラント」とい
　　　う。
　3）障害発生時に、被害を拡大させない方向へ制御する、安全性を最優
　　　先にした設計概念を、「フォールトマスキング」という。
　4）障害発生時に、自動的に予備システムに切り替わるようにする設計
　　　概念のことを、「フォールトアボイダンス」という。

・解説と解答・

1）不適切である。選択肢は「フェールソフト（フェイルソフト）」に関する
　記述である。なお、「フールプルーフ」とは、ドアを完全に閉じないと動
　作しない電子レンジのように、ユーザーが誤った操作をしてもシステムが
　安全に稼働するようにする設計概念である。

2）適切である。「フォールトトレランス（フォールトトレラント）」の設計思
　想は、飛行機のエンジンなどのように、障害の発生が生命の安全や社会生
　活に著しい影響を与えるおそれのあるシステムに用いられることが多い。

3）不適切である。選択肢は「フェールセーフ（フェイルセーフ）」に関する
　記述である。なお、「フォールトマスキング」とは、障害発生時に、外部
　への影響を与えない（障害の発生を覆い隠す（マスキングする））ように
　制御する設計概念である。

4）不適切である。選択肢は「フォールバック」に関する記述である。なお、
　「フォールトアボイダンス」とは、品質管理などの事前対策により、シス
　テム障害の発生そのものを防ごうとする設計概念である。

<u>正解　2）</u>

1－14　クラウドサービス

《問》クラウドサービスの特徴に関する次の記述のうち、最も不適切なものはどれか。
1）クラウドサービスとは、インターネットを介して提供されるＩＴサービスのことである。
2）クラウドサービスの特徴の1つに、オンプレミスよりも初期コストを抑えられることが挙げられる。
3）一般に、クラウドサービスは、オンプレミスと比較すると、BCP（事業継続計画）対策が劣るというデメリットがある。
4）「オンプレ回帰」とは、クラウドサービスにおけるセキュリティ・コスト・性能面などのデメリットを理由に、一度クラウドサービスに移行したシステムをオンプレミスに戻す現象のことをいう。

・解説と解答・

1）適切である。クラウドサービスとは、インターネットを介して提供されるＩＴサービスのことであり、代表的なサービスには、AWS（Amazon Web Services）、Microsoft Azure、GCP（Google Cloud Platform）などがある。クラウドサービスの対義語として、企業などが自社の資産としてサーバー等の機器を保有・管理する方式を「オンプレミス」という。

2）適切である。オンプレミスの場合、サーバーやソフトウェアなどのＩＴ機器を自社で用意する必要があるが、クラウドではこの必要がないため、初期コストが安く抑えられる。このほか、クラウドサービス事業者と契約をすればすぐに導入できる、拡張性が高い（機能の追加や性能の向上が容易である）といった点もクラウドサービスのメリットである。一方で、自由なカスタマイズができない、サービスを利用し続ける限り継続的なコストが発生するため長期的なコストがオンプレミスよりも高くなる可能性があるといったデメリットもある。

3）不適切である。一般に、クラウドサービスは、オンプレミスよりもBCP対策が優れている。オンプレミスでは、自社の施設内に機器が設置されることが多く、自社設備が大規模災害などの影響を受けるとサービスが停止する。しかし、クラウドサービスの場合、サービス提供に必要な機器はクラウドサービス事業者が安全対策を行った施設内で管理され、定期的にバッ

クアップデータが取得されているため、追加コストをかけずにBCP対策を行うことができる。

4）適切である。拡張性や柔軟性、運用管理の負担軽減などの観点から、クラウドサービスへの移行が年々増加する一方、セキュリティ・コスト・性能面を鑑み、クラウドサービスよりもオンプレミスのメリットの方が大きいと判断し、一度クラウドサービスに移行したシステムをオンプレミスに戻す「オンプレ回帰」と呼ばれる現象が起こっている。また、こうした流れのなかで、「ハイブリッドクラウド」と呼ばれる、クラウドサービスとオンプレミスのメリット・デメリットを理解し、両者を使い分けることで機能・性能・BCP・コスト等の観点からシステム全体の最適化を図るシステム構成も広まりつつある。

<u>正解　　3）</u>

1－15　コンピューターネットワーク

《問》コンピューターネットワークの分類に関する次の記述のうち、最も
適切なものはどれか。

1）コンピューターネットワークの1つであるWANとは、インター
ネットを利用した仮想的な私的ネットワークのことをいう。

2）LANは、有線LANと無線LANに分類されるが、一般に、無線LAN
のほうが、有線LANよりも通信速度、安定性、機密性などの面で
優れている。

3）コンピューターネットワークの1つであるLANの接続形態のうち、
スター型とはLANを制御する装置を中心に、複数のコンピューター
を放射状に接続した形態である。

4）ネットワークスライシングとは、点在するLANとWANをセキュリ
ティ確保の観点から技術的に分割する一連のプロセスのことをい
う。

・解説と解答・

1）不適切である。WAN（Wide Area Network）とは、地域的に離れたLAN
（Local Area Network）同士を接続した広域ネットワークのことをいい、
通信事業者が提供するネットワークが使用されることが多い。インター
ネットも広義のWANである。また、LANとは、企業のビルや学校の構内
など限定された範囲内でコンピューターや関連機器を接続したネットワー
クのことをいう。インターネットを利用した仮想的な私的ネットワーク
は、VPN（Virtual Private Network）と呼ばれ、暗号化技術などの利用
により安全な通信回線を実現することができるものである。

2）不適切である。一般に、無線LANの通信速度、安定性、機密性は有線
LANに劣る。有線LANでは、コンピューターなどの機器間に繋がれた通
信ケーブルで通信が行われるのに対し、無線LANでは、機器間の電波の
やり取りで通信が実現する。無線LANは、物理的な通信ケーブルを必要
としないため、電波の届く範囲であればどこでも通信が可能というメリッ
トがある一方、使用環境によっては電波強度が弱いために通信速度が低下
したり、電波干渉の影響により通信の安定性が損なわれたりすることがあ
る。また、電波を用いた通信は、通信ケーブルを用いた場合よりも傍受さ

れやすく、機密性が低くなるといったデメリットもある。

3）適切である。ハブなどの機器を中心とするスター型のほか、バスと呼ばれる1本の高速ケーブルを用いるバス型、バスを環状にしたリング型などがある。

4）不適切である。ネットワークスライシングとは、ネットワークを仮想的に分割し、帯域中の一部は高速大容量に、他の部分は高信頼・低遅延にするなどして、用途に応じたサービスを提供する技術のことをいう。

正解　3）

1－16　通信プロトコル

《問》通信プロトコルに関する次の記述のうち、最も不適切なものはどれか。

1）NTPは、パソコンやサーバーなどの時刻合わせに用いられる通信プロトコルである。
2）Webサイト閲覧に使われる通信プロトコルにHTTPSがあるが、セキュリティ強化に伴ってあまり使われなくなっている。
3）POPは、メールをサーバーからダウンロードして閲覧などを行う通信プロトコルである。
4）TCP/IPとは、インターネットで広く使われている通信プロトコルの体系であり、ネットワークインターフェース層、インターネット層、トランスポート層、アプリケーション層の4階層で構成される。

・解説と解答・

1）適切である。NTP（Network Time Protocol）は、パソコンやサーバーなどの時刻合わせに利用される通信プロトコルの1つである。ネットワーク接続機器の内部時計を協定世界時に同期する。通信プロトコルとは、コンピューターが通信するための規格のことをいう。

2）不適切である。HTTP（Hyper Text Transfer Protocol）はWebサーバーとデータをやり取りし、Webサイト閲覧に使われるプロトコルで、HTTPS（Hyper Text Transfer Protocol Secure）は通信内容が暗号化されるなどセキュリティ機能が追加されたものである。セキュリティ強化に伴い広く使用されている。

3）適切である。POP（Post Office Protocol）は、サーバーのメールボックスからクライアントへメール内容を移動させるものである。似たプロトコルとして、モバイル環境で利用されることが多いIMAPがある。

4）適切である。TCP/IPの4階層は、通信機器のやり取りに関わるネットワークインターフェース層、通信経路の選択を行って異なるネットワーク間の通信を行うインターネット層、通信の信頼性を高めるトランスポート層、具体的な通信サービスを提供するアプリケーション層によって構成されている。

正解　2）

1−17　インターネットの基礎①

《問》インターネットに関する次の記述のうち、最も不適切なものはどれか。

1）インターネットは、家庭や会社などの単位ごとに作られたネットワークが外部のネットワークにもつながる仕組みであり、コンピューター同士を世界規模で接続した、最大のネットワークである。

2）総務省が公表した「令和3年版 情報通信白書」によると、インターネット利用時における利用機器は、2010年にモバイル端末がパソコンを超えた。

3）インターネットのWorld Wide Webとは、世界中のWebページが相互に参照できるインターネット上の仕組みのことをいい、通常はWebブラウザーで閲覧する。

4）Webサイトを閲覧した際に、Webサーバーが利用者のコンピューターに保存する管理用のファイルのことをCookieといい、デジタルマーケティングにおける精度向上のため、利用に係る規制の緩和が世界的に進んでいる。

・解説と解答・

1）適切である。

2）適切である。1997年に携帯電話向けインターネット接続サービスが提供されてから、インターネットへの接続にモバイル端末を利用する割合は急速に伸長した。モバイル端末は当初、携帯電話（フィーチャーフォン）が中心だったが、現在はスマートフォンが中心である。2022年8月末時点での、スマートフォン世帯保有率は約9割となっている（総務省「令和4年通信利用動向調査」）。

3）適切である。なお、World Wide Web技術の設計や実装は「WWWの父」とも呼ばれる英国のティム・バーナーズ＝リー氏によって手掛けられた。

4）不適切である。クッキー（Cookie）は、利用者の登録情報や今までのショッピングカートの内容などを利用者のコンピューターに保存しておくことで、次回その利用者が同じWebサイトを訪問した場合に、それらのデータを利用できるようにする仕組み。ログイン情報を保管することもできるため、次回利用時にログイン処理を省略できるといった利点がある。

　なお、Cookieによって得られたユーザーデータを利用することが、個人情報保護の観点から問題があるとの考えに基づき、近年、世界的にCookieの規制が整備されつつある。

正解　4）

1－18　インターネットの基礎②

《問》インターネットに関する次の記述のうち、最も不適切なものはどれ
　　か。
1）1960年代から米国国防総省で軍事用に研究・利用されていたネット
　　ワークが、インターネットの起源と言われている。
2）Windows95の発売やインターネットサービスプロバイダーの急増
　　に伴う接続料金の低廉化が始まった1995年が、日本におけるイン
　　ターネット普及のターニングポイントといわれている。
3）総務省が公表した「令和5年版 情報通信白書」および「令和4年
　　通信利用動向調査」によると、2022年における個人のインターネッ
　　ト利用率は8割を超えており、端末別の利用率をみると、依然とし
　　てパソコンがスマートフォンを上回っている。
4）「日本のインターネットの父」と呼ばれる村井純氏の大きな功績の
　　1つに、英語中心だった初期のインターネットを多言語対応に導い
　　たことがある。

・解説と解答・

1）適切である。米国国防総省で軍事用に研究・利用されていたネットワーク
　　「ARPANET（アーパネット）」（Advanced Research Projects Agency
　　Network）が、インターネットの起源と言われている。なお、ARPAとは
　　米国の軍事技術を高めるための研究機関の名称である。
2）適切である。Windows95には、Internet Explorer（Webブラウザー）な
　　どインターネット接続機能が搭載されており、インターネット普及に大き
　　な役割を果たしたとされる。
3）不適切である。「令和5年版 情報通信白書」によると、2022年における個
　　人のインターネット利用率は84.9％に達しており、端末別の利用率をみる
　　と、スマートフォンがパソコンを上回っている。なお、総務省「令和4年
　　通信利用動向調査」によると、2022年における端末別の利用率が高いもの
　　から、スマートフォン（71.2％）、パソコン（48.5％）、テレビ（27.1％）、
　　タブレット端末（26.4％）の順になっている。
4）適切である。村井氏は2020年10月、総理大臣に助言・情報提供を行うデジ
　　タル政策担当の内閣官房参与に任命され、2021年10月に再任されている。

正解　3）

1−19　ＩＰアドレス

《問》　ＩＰアドレスに関する次の記述のうち、最も適切なものはどれか。
1）プライベートＩＰアドレスとは、個人を対象に割り当てられるＩＰアドレスのことであり、専門機関によって管理されている。
2）ISOとは、インターネットの各種資源を全世界的に調整することを目的として設立された民間の非営利法人である。
3）現在、主に使用されているＩＰアドレスの規格をIPv6といい、インターネットに接続される機器の増加に伴い、ＩＰアドレス枯渇が課題となっている。
4）NATとは、プライベートＩＰアドレスで構築した内部ネットワークからインターネット上のグローバルネットワークにアクセスする際に、ＩＰアドレスをプライベートアドレスからグローバルアドレスに変換する機能のことをいう。

・解説と解答・

1）不適切である。ＩＰアドレスとは、コンピューターをネットワークで接続するために、それぞれのコンピューターに割り振られた数字の組み合わせのことをいう。プライベートＩＰアドレスとは、インターネットから遮断された組織内ネットワーク上のコンピューターのように、インターネットと直接通信することのないコンピューターのためのＩＰアドレスのことをいう。主にLAN（Local Area Network）内で管理されるアドレスであり、専門機関の管理はない。一方、グローバルＩＰアドレスとはインターネットアクセス用の世界中で重複することのないＩＰアドレスである。

2）不適切である。選択肢はICANNに関する記述である。ICANN（Internet Corporation for Assigned Names and Numbers）とは、インターネットの各種資源を全世界的に調整することを目的として、1998年に設立された非営利公益法人である。主な役割の1つとして、ＩＰアドレスの割り振り・割り当てを全世界的かつ一意に行うことがある。

3）不適切である。現在、一般的に使用されているＩＰアドレスはIPv4（Internet Protocol version 4）の規格である。IPv4で割り当てられるＩＰアドレスは約43億個（2進法の32桁）であり、世界の人口を考慮するとその枯渇が明らかである。一方、IPv6（Internet Protocol version 6）の規

格では無限ともいえる数（2進法の128桁）のIPアドレスを割り当てることができるため、IPアドレス枯渇の課題を解決することが期待され、その利用が促進されている。また、IPv4よりもIPv6の方がセキュリティ強度の点でも評価される。しかし、双方の規格には互換性がなく、これがIPv4からIPv6への移行課題の1つとなっている。

4）適切である。

<u>正解　4）</u>

1－20　Webサイト用語

《問》Webサイト用語に関する次の記述のうち、最も不適切なものはどれか。
1）ＣＶ（コンバージョン）とは、ＥＣサイトでの商品購入、資料請求などサイト運営側がWebサイト訪問者に取ってほしい行動が実施されたことをいい、定量的にはCVR（コンバージョン率）で表される。
2）Webマーケティングにおけるランディングページとは一般に、Webサイト訪問者に対して、商品やサービスの概要を周知させるためのページのことをいい、一覧性を重視した1ページ完結のデザインである場合が多い。
3）アフィリエイト広告とは、Webサイトなどに掲載された広告リンクの表示回数や購入数などに応じて広告会社がサイト運営者に広告料を支払う仕組みのことをいう。
4）フラッシュマーケティングとは、特定の商品の宣伝であることを、消費者に隠して行うマーケティングの手法であり、口コミサイト等を通じて行われる。

・解説と解答・

1）適切である。例えば、ＥＣ（電子商取引）サイトへの訪問者数が1,000人で、そのうち実際の購入者が15人の場合、購入に関わるCVRは1.5％となる。CVRを参考にＥＣサイトのデザインの見直しや動線の修正、文言追加などを行う。デジタルマーケティングでは、直帰率（Webサイト訪問者が、最初のWebページだけを見て、当該サイトから離脱した割合。当該ページが有益な情報を提供できていない可能性が高く、改善が求められる）や、離脱率（Webサイト訪問者が、あるWebページから当該サイトの他のページに移動せずに当該サイトを退出した割合。コンバージョン前の離脱率が高い場合は、コンバージョンに結びつけるために当該ページの改善が求められる）なども重要な指標である。
2）適切である。購買や申込みに結びつけることが目的であり、外部リンクは少なくし、他ページへの離脱を防ぎつつ、スクロールだけで必要情報が得られるような工夫がなされている。

3）適切である。サイト運営者に支払われる広告料は、成果報酬型とクリック課金型に大別できる。前者は商材購入やサービス利用に対して、後者は広告の表示数（クリック数）に応じて支払われる。なお、アフィリエイト広告には、①広告主ではないアフィリエイター（アフィリエイトサイトを運営する者）が表示物を作成・掲載するため、広告主による表示物の管理が行き届きにくい、②アフィリエイターが成果報酬を求めて虚偽誇大広告を行うインセンティブが働きやすい、③消費者にとっては、アフィリエイト広告であるか否かが外見上判別できない場合もあるため、不当な表示が行われるおそれがある、といった問題があると指摘されている。そのため、消費者庁の「アフィリエイト広告等に関する検討会報告書」（2022年2月）は、悪質な事業者への対応、不当表示の未然防止策などを提言している。一方、リスティング広告（検索連動型広告）は、検索サイトの検索結果画面に表示されるもので、検索したキーワードに連動して表示される。バナー広告は、ニュースサイト、ポータルサイトなどのWebサイトの広告枠に表示されるものである。

4）不適切である。フラッシュマーケティングとは、商品・サービスの価格を割り引くなどの特典付きのクーポンを、一定数量、期間限定で販売するマーケティングの手法のことをいう。選択肢はステルスマーケティングに関する記述である。ステルスマーケティングは、著名人のブログ投稿等を通じて行われることもあり、それをきっかけに炎上（インターネット上で多くの非難や中傷に発展すること）する事例もある。日本においては、2023年10月1日より、ステルスマーケティングが「不当景品類及び不当表示防止法」（以下、「景品表示法」という）の不当表示（同法5条3号）に指定され、規制されることとなった。

　景品表示法で規制される広告の範囲は、①事業者が提供する商品またはサービスに関する広告であって、②一般消費者が広告であることを判別することが困難であると認められるもの、とされている。この場合の広告には、企業自身が発信する広告やインターネット上の表示だけでなく、企業がインフルエンサー（SNS（ソーシャル・ネットワーキング・サービス）などを通じて多くの信奉者を獲得し、信奉者らに日常的に情報を発信して強い影響を及ぼす人物）等の第三者に依頼・指示する広告や、テレビ、新聞、ラジオ、雑誌等の表示も含まれている。

　なお、同法により、内閣総理大臣は、当該不当表示行為があったときは、その行為の差止めや再発防止措置を行うよう措置命令を行うことがで

きるが、当該措置命令の対象は、商品・サービスを供給する事業者（広告主）であり、企業から広告・宣伝の依頼を受けたインフルエンサーなどの第三者は措置命令の対象外とされている（同法7条1項）。

正解　4）

1 −21　プログラムの基礎

《問》プログラムに関する次の記述のうち、最も適切なものはどれか。

1 ）ローコード開発とは、できるだけソースコードを書かずにアプリ
ケーションを迅速に開発する支援ツールや手法のことであり、シス
テム設計や実装のスキルが不要になるとされている。

2 ）プログラマーが記述したソースコードに間違いがないか、記述した
人とは別の人がチェックすることをデバッグという。

3 ）HTMLは、汎用性が高く、主に機械学習や統計・解析で使われる
プログラム言語である。

4 ）JavaScriptは、Webサイトに埋め込むことができ、Webページ用の
標準的なスクリプト言語である。

・解説と解答・

1 ）不適切である。ローコード開発とは、できるだけソースコードを書かずに
アプリケーションを迅速に開発する支援ツールや手法のことをいう。開発
工程の簡略化やプログラミングの自動化によって、開発期間の短縮や開発
工数の削減が期待できる。ただし、システム設計や実装のスキルが不要に
なるものではない。

2 ）不適切である。プログラマーが記述したソースコードに間違いがないか、
記述した人とは別の人がチェックすることはコードレビューという。

3 ）不適切である。選択肢はPython（パイソン）に関する記述である。
HTMLは、Webページを作成するための言語で、文字だけでなく画像や
音声を埋め込むことができる。

4 ）適切である。スクリプトとは簡易なプログラムのことであり、スクリプト
を記述するための言語をスクリプト言語という。

正解　4 ）

1−22　IT・コンピューター業界に関わる人物

《問》IT・コンピューター業界に貢献した人物に関する次の記述のうち、最も適切なものはどれか。

1）ハンガリー出身のジョン・フォン・ノイマン氏は、パソコンの概念を提唱し「パソコンの父」とも言われている。

2）米国出身のゴードン・ムーア氏は、米国インテル社の設立者の1人であり、集積回路の発達についての将来予測「ムーアの法則」で知られている。

3）米国出身のポール・アレン氏は、1977年にOracle社の前身企業を共同創業し、DBMS（データベースを管理するためのミドルウエア）の開発などで知られている。

4）英国出身のアラン・チューリング氏は、「情報理論の父」とも言われ、情報や通信について数学的に考えることを提唱、エントロピーの概念などで知られている。

・解説と解答・

1）不適切である。米国出身のアラン・ケイ氏は、パソコンの概念を提唱し「パソコンの父」ともいわれている。アラン・ケイ氏が提唱した「ダイナブック構想」は、共同ではなく個人でコンピューターを使う、持ち運び可能なパソコン構想であり、低価格で子供でも使えることが想定されていた。ハンガリー出身のジョン・フォン・ノイマン氏は、世界初のコンピューターに設計段階から参加し、プログラム内蔵方式のコンピューター（ノイマン型コンピューター）の概念を発表した。

2）適切である。「ムーアの法則」とは、素子あたりコストから「集積回路上に搭載される素子の数が1年あたり倍」になるとしたムーア氏の予測（1965年）を指す。のちに「2年ごとに倍」に変更されている（1975年）。

3）不適切である。米国出身のラリー・エリソン氏は、1977年にOracle社の前身企業を共同創業し、DBMS（データベースを管理するためのミドルウエア）の開発などで知られている。サンマイクロシステムズをはじめ多くの企業買収を手掛けたことでも知られている。米国出身のポール・アレン氏はマイクロソフト社の共同創業者である。

4）不適切である。米国出身のクロード・シャノン氏は、「情報理論の父」と

も言われ、情報や通信について数学的に考えることを提唱、エントロピーの概念などで知られている。データ圧縮や符号化など現在の情報通信技術社会の礎を築いた。英国出身のアラン・チューリング氏は、第二次世界大戦中においてドイツのエニグマ暗号の解読にも携わった「現代計算機科学の父」と言われている。

<u>正解　2）</u>

1－23　日本の中小企業におけるデジタル化

《問》日本の中小企業におけるデジタル化や先端技術活用に関する次の記述のうち、最も不適切なものはどれか。

1）中小企業庁の資料によると、日本の中小企業におけるＩＴ利活用は諸外国の中で進んでいないが、ソーシャルメディアサービスの利活用は比較的進んでいる。

2）中小企業庁の資料によると、日本の中小企業では、製造業・非製造業ともに、ＩＴ装備率が高くなるほど労働生産性が高くなる傾向が見られる。

3）中小企業庁の資料によると、日本の中小企業では、先端技術（ＡＩ、ビッグデータ、IoT、RPA）を活用している企業は売上高、経常利益額が増加傾向にある。

4）中小企業庁の資料によると、日本の中小企業の半数以上が、EDI（Electronic Data Interchange：電子データ交換）を導入していない。

・解説と解答・

1）不適切である。中小企業のＩＴ利活用状況の国際比較（中小企業庁中小企業政策審議会資料、2020年8月）によると、諸外国の中で日本における中小企業のSNSの活用状況は25.5％であり、その利活用状況は著しく低いとされている。

2）適切である。

3）適切である。

4）適切である。EDIとは、ネットワーク経由で標準書式に統一された発注書や納品書、請求書などを電子的にやり取りすることをいう。

<u>正解　1）</u>

1－24　Web3（Web3.0）

《問》Web3（Web3.0）に関する次の記述のうち、最も不適切なものは
どれか。
1）Web3（Web3.0）とは、集中型インターネットと称される次世代の
インターネットである。
2）Web3（Web3.0）は、ブロックチェーン、DeFi、メタバース、
NFTなどの技術に基づき実現される。
3）Web3（Web3.0）の実現により、個人情報漏えいリスク低減のメ
リットが期待されている。
4）Web3（Web3.0）のサービス提供は徐々に始まっているが、決済
データの流出などによる被害を受けても、救済を求める先がないな
どの課題が残されている。

・解説と解答・

1）不適切である。Web3（Web3.0）は分散型インターネットと称される次世
代のインターネットであり、2014年にイーサリアムの共同設立者ギャビ
ン・ウッド氏により提唱された。その定義は明確に定まっていないが、ブ
ロックチェーン、DeFi（ディーファイ、ディファイ・Decentralized
Finance：分散型金融）、メタバース、NFTなどの技術を基盤としており、
管理主体を置かずに、ユーザー同士が情報やサービスを管理、運用するこ
とで、透明性とセキュリティの高いサービスを実現するものである。ま
た、静的で一方向の情報伝達が主流であったインターネット環境を
Web1.0、現在まで続く動的で双方向の環境をWeb2.0と呼ぶ。なお、総務
省の「令和5年版 情報通信白書」によると、Web3は「ブロックチェーン
技術を基盤する分散型ネットワーク環境」と定義されており、Web2.0の
延長線上にある、「セマンティックWeb」（Webページの内容を、一定の
規則に従って付加し、コンピューターシステムによる自律的な情報の収集
や加工を可能にする構想）を意味するWeb3.0とは異なる概念として整理
されている。一方で、経済産業省やデジタル庁の公表資料では、分散型イ
ンターネットを指す表記としてWeb3.0が用いられており、Web3と
Web3.0はほぼ同義の用語として使われているのが実情である。
2）適切である。上記1）の解説参照。

3）適切である。Web3（Web3.0）では、個人情報漏えいリスク低減のメリットが期待されている。Web2.0では、サービス利用にあたっては、個人情報をサービス提供企業の一元管理するシステムに登録する必要があり、当該企業へのサイバー攻撃などによる漏えいのリスクが存在していたのに対し、Web3（Web3.0）では、個人情報の登録を行うことなくサービスを利用することができるため、個人情報の漏えいリスクを極限まで抑えることができるとされている。

4）適切である。民間企業だけでなく、地方自治体においても活用のみられるWeb3（Web3.0）だが、2024年4月時点では、Web3（Web3.0）そのものを規制する法律の整備は十分とはいえず、サービスの本格提供にあたっては課題が残されている。

<u>正解　1）</u>

1−25 DeFi（分散型金融）

《問》DeFi（分散型金融）等に関する次の記述のうち、最も不適切なものはどれか。
1）DeFiと異なり、CeFiにおいては、金融機関や取引所が中央管理者となり、取引内容などを審査して取引を仲介する。
2）DeFiは自動執行のため取引スピードが速い反面、中央管理者に手数料を支払う必要があるため取引コストが高くなる傾向にある。
3）DeFiにおいては、取引執行のソースコード（プログラム）を全員が閲覧することができるため、取引の透明性や公平性が保たれている。
4）DeFiの機能には、DEX（分散型取引所）や、イールドファーミングなどがある。

・解説と解答・

1）適切である。CeFi（セファイ、シーファイ・Centralized Finance：中央集権型金融）が銀行・保険・取引所などが中央管理者となり法規制に則って利用者にサービスを提供するのに対し、DeFi（分散型金融）とは、暗号資産やブロックチェーン技術を利用して実現された、中央管理者が存在せず、利用者同士が直接取引を行う金融システムである。
2）不適切である。DeFiは自動執行である上に、中央管理者が不在であるため、手数料は低くなる傾向にある。
3）適切である。
4）適切である。DEX（分散型取引所）は、DeFiにおいて利用者間における暗号資産の売買を自動仲介する。また、イールドファーミングとは、利用者が暗号資産をDeFiに預けることで金利報酬を得るサービスである。

<u>正解　2）</u>

第2章

デジタル技術最新動向

2－1　デジタル化の3段階

《問》次の事例は、「デジタイゼーション」「デジタライゼーション」「Ｄ
　　　Ｘ」というデジタル化の3段階のいずれかに該当するが、ＤＸの事
　　　例として最も適切なものはどれか。
1）紙で管理していた自社の帳簿をクラウド会計サービスに切り替え
　　た。
2）住所変更などの顧客手続をインターネットからできるようにした。
3）スマホアプリを配信し、顧客がスマホから手続できるようにした。
4）他社アプリ向けに自社ＡＰＩを開放し、他社サービスの中に自社
　　サービスを組み込み、顧客の利便性を向上させた。

・解説と解答・

　「デジタイゼーション」「デジタライゼーション」「ＤＸ」をデジタル化の3
段階という。デジタイゼーションは、「既存の紙のプロセスを自動化するな
ど、物質的な情報をデジタル形式に変換すること」（総務省「令和3年版 情報
通信白書」）であり、自社の内部事務のデジタル（システム）化を意味する。
デジタライゼーションは、「組織のビジネスモデル全体を一新し、クライアン
トやパートナーに対してサービスを提供するより良い方法を構築すること」
（同）であり、自社だけでなく顧客業務のデジタル（システム）化を意味す
る。ＤＸは、自社および他者が保有するデータを活用して自社または他者の顧
客に対して新たな価値を提供することであり、ビジネスモデルの変革を伴う。
1）不適切である。自社の内部事務のデジタル化であることから、デジタイ
　　ゼーションに該当する。
2）不適切である。顧客業務のデジタル技術による改善であり、顧客に対し新
　　たな価値の提供には至っていないことから、デジタライゼーションに該当
　　する。
3）不適切である。顧客業務のデジタル技術による改善であり、顧客に対し新
　　たな価値の提供には至っていないことから、デジタライゼーションに該当
　　する。
4）適切である。他社サービスとの融合により、顧客に新たな価値を提供して
　　いることから、ＤＸに該当する。なお、ＡＰＩ（Application Programming
　　Interface）とは、システムの提供する機能やデータを、外部のシステム

が安全に利用するための接続方式のことである。

<u>正解</u>　4）

2－2　ＩＴプラットフォーマー

> 《問》ＩＴプラットフォーマーに関する次の記述のうち、最も不適切なものはどれか。
>
> 1）巨大ＩＴプラットフォーマー企業群を表す言葉の1つであるFANG（ファング）とは、Facebook（現Meta社）、Amazon、Netflix、Googleの4社のことを指す。
>
> 2）ＩＴプラットフォーマーとは、商取引や情報配信などのビジネスを行う者のために、その基盤や環境を構築し、提供する事業者のことをいう。
>
> 3）巨大ＩＴプラットフォーマーは、インターネットが普及した2000年代に蓄積したデータと携帯端末から取得できる情報を活用し、広告や商品販売、音楽配信等で急成長した。
>
> 4）社会的に多大な影響力を持つ巨大ＩＴプラットフォーマーに対して規制を課している国や地域がある一方、日本では巨大ＩＴプラットフォーマーに対する規制の検討が始まった段階にある。

・解説と解答・

1）適切である。Facebook（フェースブック）はSNS・広告、Amazon（アマゾン）はオンライン通販・クラウドサービス、Netflix（ネットフリックス）は動画配信、Google（グーグル）は検索エンジン・広告が代表的なビジネスである。いずれも米国の企業である。このほか、巨大プラットフォーマー企業群を表す言葉として、次の言葉がある。

・GAFA（ガーファ）：Google、Amazon、Facebook、Apple（アップル）

・GAFAM（ガーファム）：Google、Amazon、Facebook、Apple、Microsoft（マイクロソフト）

・BATH（バース：中国の巨大ＩＴ企業4社の総称）：Baidu（バイドゥ）、Alibaba（アリババ）、Tencent（テンセント）、Huawei（ファーウェイ）

　Facebookから社名を変更したMeta社は、メタバース事業に注力することを明らかにしており、Meta社のWebページには、「「メタバース」とは、同じ物理的空間にいない人々がともに創造し、探求することのできる仮想空間を意味します。そこは友人との何気ない時間、仕事、遊び、学び、買

い物、創作活動などを楽しむことができる空間です。必ずしもオンライン
で過ごす時間をさらに増やすためのものではなく、オンラインで過ごす時
間をより有意義なものにすることを重視しています」との記載がある。日
本国内では、メタバース空間内での生活文化・コミュニティの形成、ビジ
ネスの普及・促進のためのルールメイク（ガイドライン整備、ルールメイ
キング戦略、標準化）を目的として、一般社団法人メタバース推進協議会
（養老孟司代表理事）が2022年3月に設立されている。

2）適切である。ITプラットフォーマーは、人々の生活を支える基盤として
機能する多種多様なアプリ群（メッセージング、SNS、決済、送金、タク
シー配車、飛行機・ホテル予約、電子商取引など）を統合した1つのアプ
リ「スーパーアプリ」を開発・提供する事例が少なくない（総務省「令和
3年版 情報通信白書」）。

3）適切である。

4）不適切である。日本では2021年2月にデジタルプラットフォーム取引透明
化法が施行され、前年度の国内流通総額が3,000億円以上のオンラインモー
ルの運営事業者や同2,000億円以上のアプリストアの運営事業者に対する
規制の適用が開始された。さらに2022年8月の同法に関する政令改正によ
り、その規制対象が、前年度の国内売上額が1,000億円以上のメディア一
体型広告デジタルプラットフォームの運営事業者や同500億円以上の広告
仲介型デジタルプラットフォームの運営事業者に拡大している。

　なお、該当事業者に適用される規制は以下の通りである。
・取引条件等の情報の開示および自主的な手続・体制の整備
・実施した措置や事業の概要について、毎年度、自己評価を付した報告書
　を提出
・利用者に対する取引条件変更時の事前通知や苦情・紛争処理のための自
　主的な体制整備
　また、2024年4月時点で、規制対象として指定されている事業者は次の
通りである。
【総合物販のオンラインモールの運営事業者】
・アマゾンジャパン合同会社：Amazon.co.jp
・楽天グループ株式会社：楽天市場
・LINEヤフー株式会社：Yahoo!ショッピング
【アプリストアの運営事業者】
・Apple Inc.およびiTunes株式会社：App Store

・Google LLC：Google Playストア

【メディア一体型広告デジタルプラットフォームの運営事業者】

・Google LLC：広告主向け広告配信役務である「Google広告」、「Display
&Video360」等を通じて「Google検索」または「YouTube」
に広告を表示する事業

・Meta Platforms, Inc.：広告主向け広告配信役務である「Facebook広
告」を通じて「Facebook（Messenger含む）」
または「Instagram」に広告を表示する事業

・LINEヤフー株式会社：広告主向け広告配信役務である「Yahoo!広告」
を通じて「Yahoo! JAPAN（Yahoo!検索含む）」
または「LINEおよびファミリーサービス」に広
告を表示する事業

【広告仲介型デジタルプラットフォームの運営事業者】

・Google LLC：広告主向け広告配信役務である「Google広告」、「Display
&Video360」等を通じて、「AdMob」、「AdSense」等に
より、媒体主の広告枠に広告を表示する事業

<u>正解　4）</u>

2 - 3　ＤＸレポート「2025年の崖」①

《問》経済産業省の研究会が2018年 9 月にとりまとめた「ＤＸレポート」
　に関する次の記述のうち、最も不適切なものはどれか。
　1) 日本企業が老朽化した既存システムを利用し続けると、システムの
　　　維持管理コストが2025年にはＩＴ予算の 9 割以上を占めるようにな
　　　り、デジタル競争の敗者となる。
　2) 日本企業の老朽化した既存システムの問題点の 1 つは、事業部門ご
　　　とに構築されて、全社横断的なデータ活用が困難なことである。
　3) 2017年時点の日本企業のＩＴ予算における維持管理コストの占める
　　　割合は約 5 割である。
　4) 既存システムの課題に取り組まない放置シナリオでは、2025年以
　　　降、日本全体で年間最大12兆円の経済損失が発生する。

・解説と解答・

　1) 適切である。
　2) 適切である。
　3) 不適切である。2017年時点の日本企業のＩＴ予算における維持管理コスト
　　　（ラン・ザ・ビジネス）の占める割合は 8 割に達しており、一方の新規投
　　　資は 2 割にとどまっている。
　4) 適切である。既存システムに起因したシステム障害による2018年時点での
　　　経済損失は、日本全体で年間約 4 兆円とされている。

正解　3)

2－4　ＤＸレポート「2025年の崖」②

《問》経済産業省の研究会が2018年９月にとりまとめた「ＤＸレポート」
に記載されている「既存システムを刷新しＤＸを実現するＤＸ実現
シナリオ」に関する次の記述のうち、最も適切なものはどれか。

1）日本企業が、既存システムを刷新しつつ、新たなデジタル技術を活
用して新しいビジネスモデルを創出することにより、2030年には実
質GDPを13兆円押し上げる。

2）日本企業が、クラウド、ＡＩ等のデジタル技術をマイクロサービス
やウォーターフォールモデル開発手法を通じて、迅速に取り込むこ
とが重要となる。

3）ＤＸ実現シナリオでは、日本企業のＩＴ予算における維持管理コス
トの占める割合は約２割になる。

4）2025年までをシステム刷新集中期間（ＤＸファースト期間）と位置
づけている。

・解説と解答・

1）不適切である。2030年には実質GDPを130兆円超押し上げるとしている。
ＤＸ実現シナリオは、2025年までの間に、複雑化・ブラックボックス化し
た既存システムについて、廃棄や塩漬けにするもの等を仕分けながら、必
要なものについて刷新しつつ、ＤＸを実現することである。なお、経済産
業省の研究会が2020年12月にとりまとめた「ＤＸレポート２（中間とりま
とめ）」では、「我が国企業全体におけるＤＸ推進はまだ始まったばかりの
段階と考えるべきである」と指摘している。

2）不適切である。ウォーターフォールモデルではなくアジャイルモデルであ
る。アジャイルモデルは、プロジェクトを小単位に区切って製造とテスト
を繰り返す開発手法のことをいう。機能提供までのスピードが速い、要求
の変化に柔軟に対応可能、品質と顧客満足度の向上、開発者やチームの成
長を促進、Webアプリ・スマートフォンアプリの開発に適している、と
いった長所がある。なお、アジャイルは「俊敏な」という意味である。一
方、ウォーターフォールモデルは要件定義、設計、実装、テストと、工程
を分割して順番に開発する手法である。成果物をチェックしやすい、全体
計画を立てやすい、途中での開発要員の入れ替えに対応可能、といった長

所がある。工程の進め方が、滝が流れ落ちるようなイメージであることから名づけられた。

3）不適切である。ＤＸ実現シナリオでは、日本企業のＩＴ予算における維持管理コスト（ラン・ザ・ビジネス）の占める割合は2017年時点の約8割から約6割に引き下げられる、としている。その結果として、ＩＴを活用した新たなビジネスモデルの構築やサービスの開発を行うための攻めのＩＴ投資（バリューアップ）のＩＴ予算全体に占める割合は、2017年時点の約2割から約4割に引き上げられるとしている。

4）適切である。

正解　4）

2-5 DXレポート2.1

《問》経済産業省は、日本企業のDXを加速するため、「DXレポート2」を補完する形で、デジタル変革後の産業の姿やその中での企業の姿を示すとともに、今後の政策の検討を行い、「DXレポート2.1」を公表している。DXレポート2.1に関する次の記述のうち、最も不適切なものはどれか。

1）日本における既存産業の業界構造を、ユーザー企業においては委託による「ITコストの削減」の達成、ベンダー企業においては受託による「低リスク・長期安定ビジネス」の実現というWin-Winの関係性を構築しており、DXを加速するための基礎固めができていると評価している。

2）デジタル産業を、デジタル社会の実現に必要となる機能を社会にもたらすものと位置付けている。

3）既存産業の企業をデジタル産業の企業へと変革させるための施策として、自社のデジタル産業の成熟度を評価する指標やDX成功パターンの策定を挙げている。

4）デジタル産業を目指す企業の3つのジレンマとして「危機感のジレンマ」「人材育成のジレンマ」「ビジネスのジレンマ」が存在することを指摘している。

・解説と解答・

1）不適切である。DXレポート2.1では、日本の既存産業の業界構造について、ユーザー企業においては委託による「ITコストの削減」の達成、ベンダー企業においては受託による「低リスク・長期安定ビジネス」の実現という一見Win-Winの関係性を築いているように見えるが、多くの場合、両者はデジタル時代において必要な能力を獲得できず、デジタル競争の敗者となる「低位安定」の関係性となっているのが現状である、と指摘している。

2）適切である。当レポートでは、デジタル産業を「データとデジタル技術を駆使して新たな価値を産み出す、デジタル社会の実現に必要となる機能を社会にもたらす産業」と定義している。

3）適切である。当レポートでは、デジタル産業を育成するための施策とし

て、デジタル産業を構成する企業を4つの類型に分類し、企業類型ごとに企業が自社のデジタル産業の成熟度を定量的に評価することができる指標（デジタル産業指標）や目指すべきデジタル産業の姿に向け、そこに至る企業の変革の道筋を抽象化したパターン（DX成功パターン）を策定するとしている。

　4つの企業類型とは次の通りである。

①企業の変革をともに推進するパートナー

②DXに必要な技術を提供するパートナー

③共通プラットフォームの提供主体

④新ビジネス・サービスの提供主体

4）適切である。デジタル産業を目指す企業の3つのジレンマとは次の通りである。

・危機感のジレンマ：目先の業績が好調のため変革に対する危機感がなく、危機感が高まった時には既に変革に必要な投資体力を失っていること。

・人材育成のジレンマ：技術が陳腐化するスピードが速く、時間をかけて学んだとしても、習得した時には古い技術となっていること。また、即座に新技術を獲得できる人材は引き抜かれてしまうこと。

・ビジネスのジレンマ（ベンダー企業のみに存在）：受託型ビジネスを現業とするベンダー企業が、ユーザー企業のデジタル変革を伴走・支援する企業へと変革しようとすると、内製化への移行により、受託型ビジネスと比べて売上規模が縮小し、ベンダー企業がユーザー企業をデジタル企業へ移行する支援を行うことにより、最終的には自分たちが不要になってしまうこと。

<u>正解　1）</u>

ＤＸレポートの変遷と概要

　2018年9月に公表された「ＤＸレポート」はその内容を改定し、2020年12月に「ＤＸレポート2（中間とりまとめ）」、2021年8月に「ＤＸレポート2.1（ＤＸレポート2追補版）」、2022年7月に「ＤＸレポート2.2（概要）」として公表されている。各レポートの概要は次の通りである。

【ＤＸレポート】（2018年9月公表）
　副題を"〜ＩＴシステム「2025年の崖」の克服とＤＸの本格的な展開〜"とし、ＤＸの定義を行った上で、老朽化・複雑化・ブラックボックス化した既存システムがＤＸを本格的に推進する際の障壁となることに対して警鐘を鳴らすとともに、2025年までにデジタル企業への変革を完了させることを目指して計画的にＤＸを推進するよう国内企業を促している。

【ＤＸレポート2（中間取りまとめ）】（2020年12月公表）
　2019年7月に策定した、企業におけるＤＸの推進状況を自己診断する「ＤＸ推進指標」の分析結果を踏まえ、日本企業の経営・戦略の方向性を示すとともに、ＤＸ推進の短期的対応、中長期的対応を提示している。

【ＤＸレポート2.1（ＤＸレポート2追補版）】（2021年8月公表）
　現在のユーザー企業とＩＴベンダーとの関係を、デジタル競争を勝ち抜いていくことが困難な「低位安定」の関係に固定されていると指摘し、デジタル社会の実現に必要となる機能を社会にもたらすデジタル産業の構築が必要であるとしている。
　さらに、目指すべきデジタル産業の姿・デジタル産業を構成する企業の姿を提示し、デジタル産業を構成する企業を次の4つに類型化している。
①企業の変革を共に推進するパートナー
②ＤＸに必要な技術を提供するパートナー
③共通プラットフォームの提供主体
④新ビジネス・サービスの提供主体
　そして、デジタル産業企業への変革に向けた施策の方向性を提示している。

【ＤＸレポート2.2（概要）】（2022年７月公表）

　デジタル産業への変革に向け、企業が取り組むべきアクションとして次の３点を提示している。

①デジタルを、既存ビジネスの省力化・効率化ではなく、新規ビジネスの創出や、デジタル技術の導入による既存ビジネスの付加価値向上に活用する

②ＤＸ推進にあたって、経営者がビジョンや戦略だけでなく、「行動指針」を示す

③個社単独でのＤＸは困難であることから、経営者自らの「価値観」を外部へ発信し、同じ価値観をもつ企業同志を集めて、互いに変革を推進する新たな関係を構築する

　さらに、上記①〜③のアクションを実現するための仕掛けとして「デジタル産業宣言」の策定を提言している。

デジタル産業宣言

・ビジョン駆動：過去の成功体験やしがらみを捨て、自らが持つビジョンを目指す

・価値重視：コストではなく、創出される価値に目を向ける

・オープンマインド：より大きな価値を得るために、自社に閉じず、あらゆるプレイヤーとつながる

・継続的な挑戦：失敗したらすぐに撤退してしまうのではなく、試行錯誤を繰り返し、挑戦し続ける

・経営者中心：ＤＸは、経営者こそが牽引してはじめて達成しうるという理解のもとに、その実現に向かって（全員で）積極貢献する

　また、「デジタル産業宣言」の実効性を高めるため、今後の「デジタルガバナンス・コード」への組込みを検討するとしている。

2−6　金融機関とデジタル①

《問》2000年以降の日本の金融機関とデジタルに関する次の記述のうち、
　　最も不適切なものはどれか。
1）金融機関が情報セキュリティ対策を強化する大きなきっかけとなっ
　　た個人情報保護法が施行されたのは、2010年代である。
2）政府がＩＴ技術の進歩に合わせた経済成長を実現するための国家戦
　　略「e-Japan戦略」を策定し、ブロードバンドサービスの普及が実
　　現したのは、2000年以降である。
3）インターネット専業銀行が相次いで設立されたのは、2000年以降で
　　ある。
4）金融機関が、経営統合やＩＴ投資効率化のためのシステム共同化を
　　進めたのは、2000年代初頭である。

・解説と解答・

1）不適切である。個人情報保護法は2003年5月に成立・公布・施行され、金
　融機関を含む民間企業において個人情報保護に向けた取組みが一斉に進ん
　だ。2022年4月施行の改正法により、ビッグデータ利活用を促進する仮名
　加工情報や、クッキー（Cookie）などを想定した個人関連情報が整備され
　た。ＤＸ推進においても重要な法律である。2022年4月に施行された改正
　個人情報保護法のポイントは次の通りである。
　・漏えい等報告・本人通知の義務化（改正）
　　漏えい等が発生した場合に、個人の権利利益を害するおそれが大きい事
　　態については、個人情報保護委員会への報告および本人への通知を義務
　　化。
　・外国にある第三者への提供（改正）
　　外国にある第三者への個人データの提供時に、本人に対し、移転先事業
　　者における個人情報の取扱いに関する情報提供の充実等を求める。
　・保有個人データの開示方法（改正）
　　保有個人データの開示方法は、電磁的記録の提供（電子メールによる送
　　信、Webサイトでのダウンロード等）を含め、本人が指示できる。
　・個人データの利用の停止・消去等の請求（改正）
　　利用停止・消去等の請求権について、一部の個人情報保護法違反の場合

に加え、個人の権利または正当な利益が害されるおそれがある場合にも
拡充。

・公表等事項の充実（改正）
　安全管理のために講じた措置（公表等により支障を及ぼすおそれがある
　ものを除く）を公表等する義務がある事項として追加。

・不適正利用の禁止（新設）
　違法または不当な行為を助長する等の不適正な方法により個人情報を利
　用してはならない旨を明確化。

・個人関連情報（新設）
　生存する個人に関する情報であって、個人情報、仮名加工情報及び匿名
　加工情報のいずれにも該当しないもの。

・仮名加工情報（新設）
　他の情報と照合しない限り特定の個人を識別することができないように
　個人情報を加工して得られる個人に関する情報。

2）適切である。ＩＴ技術の進歩に合わせた経済成長を実現するための国家戦
　略「e-Japan戦略」が2001年に策定され、その重点政策分野の１つであっ
　たブロードバンド基盤の整備が大きく進んだ。一方、その他の重点政策分
　野である、電子商取引の普及や電子政府の実現、ＩＴ人材の育成強化は計
　画通りに進まなかった。

3）適切である。2000年にジャパンネット銀行（現PayPay銀行）、2001年にソ
　ニー銀行、イーバンク銀行（現楽天銀行）、2007年に住信SBIネット銀行、
　2008年にauじぶん銀行が設立された。以降も、地方銀行系を含めインター
　ネット専業銀行の設立は続いている。

4）適切である。不良債権処理により経営体力が落ちた金融機関は経営効率の
　ためシステムの共同化を行った。

<u>正解　1）</u>

2－7　金融機関とデジタル②

《問》2018年に金融庁が公表した「変革期における金融サービスの向上に
むけて～金融行政のこれまでの実践と今後の方針～」の中の「金融
デジタライゼーション戦略」に関する次の記述のうち、最も不適切
なものはどれか。

1）FinTech事業者など新しいプレイヤーによるイノベーションが進み
やすい環境を整備することを同戦略の唯一の目的としている。

2）ブロックチェーン、ＡＩ、ビッグデータ技術などのデジタライゼー
ション基盤の整備を推進するとしている。

3）オープンAPIなどオープン・アーキテクチャによるイノベーション
の推進をするとしている。

4）新しいビジネスへの挑戦を支援するため、FinTech Innovation
Hub、FinTech実証実験ハブやFinTechサポートデスクなどを設置
している。

・解説と解答・

1）不適切である。新しいプレイヤーによるイノベーションの進展が進みやす
い環境を整備していく必要があると同時に、既存の金融機関も、新しいプ
レイヤーとの協働・連携や競争を通じて、ビジネスモデル変革による利用
者利便の向上が求められている。金融デジタライゼーション戦略は、「変
革期における金融サービスの向上にむけて～金融行政のこれまでの実践と
今後の方針～」の中で、金融行政の重点施策の１つとして盛り込まれた。

2）適切である。

3）適切である。

4）適切である。

正解　1）

2－8 SDGs

《問》SDGsに関する次の記述のうち、最も適切なものはどれか。

1）政府のSDGs推進本部が公表した「SDGsアクションプラン2023」
　は、社会課題を成長のエンジンへと転換し、持続的な成長を実現さ
　せるとの考えのもと、ＤＸなどの４分野に重点を置いて、官民の投
　資を加速させるとしている。

2）SDGsは、持続可能で多様性と包摂性のある社会の実現のための、
　2050年を年限とする国際目標である。

3）SDGs の17のゴール（目標）は、社会、経済、環境、民主化という
　４つの側面から捉えることができる。

4）2023年９月の「SDGサミット」で採択された「SDGサミット政治
　宣言」では、SDGsの進捗状況について、「SDGsの達成は順調であ
　り、SDGsの基準となる2015年よりもはるかに前進している」との
　見解が示された。

・解説と解答・

1）適切である。政府のSDGs推進本部が公表した「SDGsアクションプラン
　2023」においては、社会課題を成長のエンジンへと転換し、持続的な成長
　を実現させるとの考えのもと、①科学技術・イノベーション、②スタート
　アップ、③グリーントランスフォーメーション（ＧＸ）、④デジタルトラ
　ンスフォーメーション（ＤＸ）の４分野に重点を置いて、官民の投資を加
　速させるとしている。

2）不適切である。SDGs（エス・ディー・ジーズ）は、2030年を年限とする
　国際目標である。

3）不適切である。SDGsの17のゴールは、社会、経済、環境という３つの側
　面から捉えることができる。17のゴールは、次の通りである。①貧困をな
　くそう、②飢餓をゼロに、③すべての人に健康と福祉を、④質の高い教育
　をみんなに、⑤ジェンダー平等を実現しよう、⑥安全な水とトイレを世界
　中に、⑦エネルギーをみんなにそしてクリーンに、⑧働きがいも経済成長
　も、⑨産業と技術革新の基盤をつくろう、⑩人や国の不平等をなくそう、
　⑪住み続けられるまちづくりを、⑫つくる責任つかう責任、⑬気候変動に
　具体的な対策を、⑭海の豊かさを守ろう、⑮陸の豊かさも守ろう、⑯平和

と公正をすべての人に、⑰パートナシップで目標を達成しよう。

4）不適切である。2023年9月の「SDGサミット」で採択された「SDGサミット政治宣言」では、SDGsの進捗状況について、「SDGsの達成は危機に瀕している。2030アジェンダ（SDGsが掲げられた文書）の中間年において、我々はほとんどのSDGsの進捗が遅々として進まないか、2015年の基準よりも後退していることを憂慮する」との指摘がなされている。

<u>正解　1）</u>

2－9　金融包摂

《問》金融包摂は金融ＤＸで実現すべき重要なテーマの一つである。金融
　　包摂等に関する次の記述のうち、最も不適切なものはどれか。
1）金融包摂は、すべての人が金融機関に口座を開設することで達成される。
2）金融包摂を実現するサービスの例として、マイクロファイナンス、クラウドファンディング、家計簿アプリ、ポイント投資などがある。
3）金融包摂の実現は、SDGsの複数のゴールの達成に貢献するものである。
4）金融庁は、スタートアップの創業や経営者による思い切った事業展開を後押しするため、「経営者保証に関するガイドライン」を公表するとともに、「「経営者保証に関するガイドライン」等の活用実績」を公表することで金融機関に対してガイドラインの活用を促している。

・解説と解答・

1）不適切である。「金融包摂」は、金融サービスを利用する機会があり、かつ平等であることと定義されている。一方、経済活動に欠くことのできない金融サービスにアクセスできない状態を「金融排除」といい、その形態には、(1)アクセス排除、(2)条件排除、(3)価格排除、(4)マーケティング排除、(5)自己排除がある。すべての人が金融機関に口座を開設できる状態の達成だけでは「金融包摂」が達成されているとはいえない。

2）適切である。このほかに、民間サービスを補完し金融包摂を実現する政府主導の取組みとして、預金口座を開設できない人々に対して送受金を可能にする、中央銀行デジタル通貨（CBDC）の発行などが行われている。

3）適切である。世界銀行は、金融包摂の実現が達成に資するSDGsのゴールとして、貧困をなくそう（SDG 1）、飢餓をゼロに（SDG 2）、すべての人に健康と福祉を（SDG 3）、質の高い教育をみんなに（SDG 4）、ジェンダー平等を実現しよう（SDG 5）を挙げている。

4）適切である。経営者保証などの形式的な条件に過度に依存しない融資慣行の確立も、金融包摂を実現するサービスの例である。金融庁は、金融機関

に対して「経営者保証に関するガイドライン」の活用を促すため、半期ごとに「「経営者保証に関するガイドライン」等の活用実績」（2023年6月以前は「「経営者保証に関するガイドライン」の活用実績」）を公表している。また、2022年12月には、経営者保証に依存しない融資慣行の確立を目指し、経済産業省・金融庁・財務省の連名で「経営者保証改革プログラム」が公表されている。

<u>正解　1）</u>

2－10　行政のDX

《問》目指すべきデジタル社会の実現に向けて、政府が迅速かつ重点的に実施すべき施策を明記した「デジタル社会の実現に向けた重点計画」（2023年6月）（以下、「重点計画」という）に関する次の記述のうち、最も不適切なものはどれか。

1）デジタル庁の役割は、「デジタル社会の実現に関する司令塔である」としている。

2）重点計画においては、「デジタル社会形成のための基本10原則」として①オープン・透明、②公平・倫理、③安全・安心、④継続・安定・強靱、⑤社会課題の解決、⑥迅速・柔軟、⑦包摂・多様性、⑧浸透、⑨新たな価値の創造、⑩飛躍・国際貢献を掲げている。

3）重点計画においては、「国の行政手続きオンライン化の3原則」として①デジタルファースト（個々の手続・サービスが一貫してデジタルで完結）、②ワンスオンリー（一度提出した情報は二度提出が不要）、③クラウド・バイ・デフォルト（クラウドサービスの利用を第一候補として検討するとともに、共通に必要な機能は共用できるように、機能ごとに細分化された部品を組み合わせる設計思想に基づいた整備を推進）のデジタル3原則を掲げている。

4）地域における仕事の創出、地方への人の流れの創出を図り、地域発のイノベーションの創出、地域の暮らしの持続可能性の強化、及びそこで暮らし働く人々のWell-beingの向上、地方から全国へのボトムアップ型の成長を図る、「デジタル田園都市国家構想」の実現を目指すとしている。

・解説と解答・

1）適切である。デジタル庁は、日本のデジタル社会の実現に向けて、国、地方公共団体、事業者が連携・協力しながら社会全体のデジタル化を推進していく司令塔としての役割を担っている。デジタル社会構築におけるデジタル庁の主な役割は、①利用者目線での適切なニーズのくみ取りとサービスの構築、②国民の利便性の向上や、デジタル基盤やデータ流通環境の整備、③行政や公共分野におけるサービスの質の向上、④デジタル人材の育成・確保、教育・学習の振興、⑤安心して参加できるデジタル社会の実現

にある。

2）適切である。

3）不適切である。「国の行政手続きオンライン化の3原則」は、①デジタルファースト（個々の手続・サービスが一貫してデジタルで完結）、②ワンスオンリー（一度提出した情報は二度提出が不要）、③コネクテッド・ワンストップ（民間を含む複数の手続・サービスを一元化）である。

4）適切である。構想実現に向け、特に重点的に取り組む施策として、①デジタルの力を活用した地方の社会課題解決、および②デジタル実装の基礎条件整備を挙げている。

<u>正解　3）</u>

2－11　移動通信システム①

《問》移動通信システムに関する次の記述のうち、最も不適切なものはどれか。

1）5G（第5世代移動通信システム）の特徴は、「高速・大容量」、「超低遅延」、「多数同時接続」である。

2）総務省が公表した「令和5年版 情報通信白書」によると、ローカル5Gとは、地域の企業や地方自治体などの様々な主体が自らの建物内や敷地内でスポット的に柔軟に構築できるネットワークシステムである。

3）4G（第4世代移動通信システム）の普及に伴い、スマートフォン等で動画配信サービスをストレスなく利用できるようになった。

4）総務省が公表した「令和5年版 情報通信白書」によると、5Gの次の世代の情報通信インフラとなることが見込まれているBeyond 5G（6G）は、これまでの無線通信の延長として、2030年代のあらゆる産業・社会活動の基盤となることが見込まれている。

・解説と解答・

1）適切である。5Gの特徴は「高速・大容量」（5G：上り最大10Gbps、下り最大20Gbps、4G：上り最大数百Mbps、下り最大1Gbps）、「超低遅延」（5G：遅延1ミリ秒程度、4G：遅延10ミリ秒程度）、「多数同時接続」（5G：1平方キロメートルあたり100万台、4G：同10万台）である。こうした特徴から、高精細映像など大容量コンテンツの配信の高速化、自動運転やミッションクリティカルな（障害が発生すると社会的影響が非常に大きい）業務における遠隔ロボット操作、IoT（Internet of Things：あらゆるものがインターネットを通じてつながること）における膨大な数のセンサーや端末の同時接続などの実現を支えるものである。日本では2020年3月から商用サービスが開始された。

2）適切である。ローカル5Gは、様々な課題の解決や新たな価値の創造などの実現に向け、多様な分野、利用形態、利用環境で活用されることが期待されている。なお、ローカル5G普及のための取組みとして、2021年1月に設立された「ローカル5G普及推進官民連絡会」は、ローカル5Gの普及に向けた情報発信等を行っている。

3）適切である。4G普及に伴い、インターネット動画配信サービスが普及・本格化し、放送事業者は、見逃し配信サービスや番組のリアルタイム配信サービスを提供するようになった。

4）不適切である。「令和5年版 情報通信白書」によると、Beyond 5 G（6 G）は、これまでの無線通信の延長上として捉えられるのではなく、有線・無線や陸・海・空・宇宙等を包含したネットワーク全体と考えられている。

正解 4）

2－12　移動通信システム②

《問》移動通信システムに関する次の記述のうち、最も適切なものはどれ
　　か。
　1）5G（第5世代移動通信システム）とクラウドサーバーの組合せに
　　より、自動運転等のミッションクリティカルなサービスが実現可能
　　になると言われている。
　2）5Gは1平方キロメートルあたり100万台同時接続が可能で、
　　Society5.0の基盤になると言われている。
　3）総務省が公表した「令和5年版 情報通信白書」によると、2024年
　　には、全世界において、スマートフォンの全出荷台数に対する5G
　　対応スマートフォンの出荷台数の割合が100％となると予測されて
　　いる。
　4）5Gにより、初めてハイビジョン映像を配信することが可能になっ
　　たと言われている。

・解説と解答・

　1）不適切である。5Gと基地局などに設置するエッジサーバー（データを集
　　める端末の近くに分散して設置するサーバー）により自動運転等のミッ
　　ションクリティカルな（障害が発生すると社会的影響が非常に大きい）
　　サービスが実現可能となる。
　2）適切である。4G（第4世代移動通信システム）での1平方キロメートル
　　あたり10万台に対して、5Gではその10倍の100万台の同時接続が可能と
　　なった。
　3）不適切である。「令和5年版 情報通信白書」によると、日本国内において
　　は、2024年以降はスマートフォンの全出荷台数に対する5G対応スマート
　　フォン割合が100％となると予測されている一方、全世界で5G対応ス
　　マートフォン割合が100％となるのは2028年以降と予測されている。
　4）不適切である。ハイビジョン映像の配信は既に4Gで実現されており、5
　　Gではより精細な4K・8K映像（現行ハイビジョンの4倍・16倍の画素
　　数）の配信が可能となった。

正解　2）

2－13　ＩＴ政策

《問》デジタル庁が「誰一人取り残されないデジタル社会」の実現のため、各分野において進めている取組みに関する次の記述のうち、最も不適切なものはどれか。

1）デジタル社会に必要な共通機能の整備・普及に関する取組みの1つに、「公金受取口座登録制度」がある。

2）デジタル社会に必要な共通機能の整備・普及に関する取組みの1つに、法人向けの「ＤビズＩＤ」がある。

3）国民目線に立った利便性の向上の徹底とサイバーセキュリティの確保の両立の観点から「ゼロトラストアーキテクチャ適用方針」、「常時リスク診断・対処（CRSA）アーキテクチャ」、「政府情報システムにおけるセキュリティ・バイ・デザインガイドライン」、「政府情報システムにおける脆弱性診断導入ガイドライン」などを公開している。

4）国境を越えた自由なデータ流通の促進により、経済成長を実現するためDFFT（Data Free Flow with Trust：信頼性のある自由なデータ流通）を推進している。

・解説と解答・

1）適切である。「公金受取口座登録制度」は、マイナンバー（個人番号）関連制度であり、個人が金融機関に持つ預貯金口座を給付金等の受取のための口座として国に任意で登録すると、緊急時の給付金等の申請の際に手続や添付書類が省略できる。

2）不適切である。正しくは、「ＧビズＩＤ」である。ＧビズＩＤは、行政手続等において手続を行う法人を認証するための仕組みであり、1つのＩＤ・パスワードで本人確認書類なしで様々な政府・自治体の法人向けオンライン申請が可能となる。

3）適切である。利便性の向上の徹底とサイバーセキュリティの確保の両立の観点から、情報システムの設計・開発段階を含めたセキュリティの強化を図るため、「デジタル社会推進標準ガイドライン」を公表している。「デジタル社会推進標準ガイドライン」は、政府情報システム全般に関するドキュメントとセキュリティに関するドキュメントから構成されている。そ

の内、主なセキュリティに関するドキュメントの概要は次の通りである。
- ・「DS-210 ゼロトラストアーキテクチャ適用方針」：クラウドサービスの利活用拡大や、リモートワーク等の業務環境の変化に伴い、従来の境界型のセキュリティモデルだけでは、近年の高度化したサイバー攻撃を完全に予防・防御することは困難となっていることを踏まえ、ゼロトラストアーキテクチャ（システムの内部における攻撃者の自由な行動を阻害しようとするセキュリティ対策の考え方）を適用するための基本方針を説明するとともに、導入時の留意事項について記載している。
- ・「DS-211 常時リスク診断・対処（CRSA）アーキテクチャ」：ゼロトラストアーキテクチャの環境下において、安定かつ安全なサービス提供を実現するための情報収集・分析を目的としたプラットフォームのアーキテクチャについて解説している。
- ・「DS-200 政府情報システムにおけるセキュリティ・バイ・デザインガイドライン」：情報システムの企画から運用までの一貫したセキュリティ対策（セキュリティ・バイ・デザイン）を実施し、情報システムに対して効率的にセキュリティを確保するたるために必要な、システムライフサイクルの各工程でのセキュリティ実施内容、要求事項を説明するとともに、関係者の役割が定義されている。
- ・「DS-221 政府情報システムにおける脆弱性診断導入ガイドライン」：最適な脆弱性診断を選定、調達できるようにするための、脆弱性導入に係る基準とその指針について解説している。
4）適切である。DFFT（Data Free Flow with Trust：信頼性のある自由なデータ流通）とは、「プライバシーやセキュリティ、知的財産権に関する信頼を確保しながら、ビジネスや社会課題の解決に有益なデータが国境を意識することなく自由に行き来する、国際的に自由なデータ流通」を指す概念である。日本政府は、G7広島サミット、G7デジタル・技術大臣会合をふまえ、同会合において合意された国際的な枠組みを設置し、各国のデータ規制に関する透明性向上、国内外のデータ連携の枠組みの構築等、DFFTの一層の具体的推進に取り組むとしている。

正解　2）

2−14　ビッグデータ

《問》ビッグデータに関する次の記述のうち、最も不適切なものはどれ
か。
1）非構造化データとは、音声、ブログ・SNS、映像・動画、電子書
籍、GPS、センサー等のデータのことをいう。
2）狭義のビッグデータとは、顧客データや売上データ等の構造化デー
タのみのことをいう。
3）広義のビッグデータには、データだけではなく、データ処理技術や
データサイエンティスト等の人材も含まれる。
4）デジタルツインとは、リアル空間で収集したデータをもとにサイ
バー空間上でリアル空間を再現する技術のことをいう。

・解説と解答・

1）適切である。POS（Point of Sales：販売時点情報管理）データや企業内
で管理する顧客データなどを構造化データといい、選択肢のように構造化
されていない多種・多量なデータを非構造化データという（《図表》参照）。
デジタル化の更なる進展やネットワークの高度化、またスマートフォンや
センサー等IoT（Internet of Things）関連機器の小型化・低コスト化によ
るIoTの進展により、スマートフォン等を通じた位置情報や行動履歴、イ
ンターネットやテレビでの視聴・消費行動等に関する情報、また小型化し
たセンサー等から膨大なデータを得ることができるようになっている。
2）不適切である。構造化データおよび非構造化データが狭義のビッグデータ
である。
3）適切である。データ、データ処理技術および人材を含めたものが広義の
ビッグデータである。
4）適切である。「ツイン」は双子の意味。東京都では、2024年3月に公表し
た「デジタルツインの社会実装に向けたロードマップ（第3版）」におい
て、2030年までにサイバー空間上に東京都のデジタルツインを実現し、
2040年までに継続的な改善サイクル構築に発展することを目標としてい
る。デジタルツインによって、現実空間の都市や都民の状況をリアルタイ
ムで把握できるようになるとともに、通常は実施が難しい分析・シミュ
レーションのサイバー空間上での実施、その結果を踏まえた現実空間への

フィードバックが可能になるとしている。

正解　2）

《図表》ビッグデータの定義

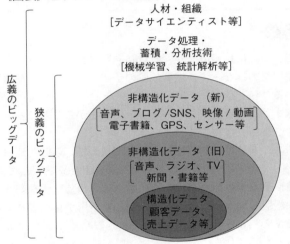

出典：総務省「平成25年版 情報通信白書」

2−15　IoT①

《問》IoTに関する次の記述のうち、最も適切なものはどれか。

1）IoTの用途は、機器に設置されたセンサーから情報を取得すること
に限られている。

2）5G（第5世代移動通信システム）は、IoTの基盤としての活用が
見込まれている。

3）IoTは「Internet of Threads」の略語であり、さまざまな機器に張
り巡らされたネットワークを糸に見立てたことに由来する。

4）IoTの普及は、モノ消費の発展に寄与することが期待されている。

・解説と解答・

1）不適切である。IoT（Internet of Things）は機器に設置されたセンサーに
よる情報収集のみならず、機器故障の予防、予知・保全や遠隔制御に利用
されている。IoTとは、コンピューターなど従来の情報通信機器だけでは
なく、さまざまな物がインターネットにつながること、インターネットに
つながるさまざまな物のことをいう。

2）適切である。5Gは、超高速・大容量に加えて、超低遅延および多数同時
接続といった要件を備えることにより、IoTの基盤としての活用、つま
り、機械や車両等への搭載により産業や社会の効率化や利便性の向上、新
たな付加価値を創出するための基盤として活用が見込まれている。

3）不適切である。IoTはInternet of Thingsの略語であり「モノのインター
ネット」とも呼ばれる。

4）不適切である。IoTの普及は、製品の所有であるモノ消費（モノづくり）
ではなく、製品のサービス化であるコト消費（コトづくり）の発展に寄与
することが期待されている。

正解　2）

2−16　IoT②

《問》ＤＸ実現のための基盤であるIoTに関する次の記述のうち、最も不
適切なものはどれか。

1）総務省が公表した「令和5年版 情報通信白書」によると、NICT
（国立研究開発法人情報通信研究機構）が運用するサイバー攻撃観
測網（NICTER）が2021年に観測したサイバー攻撃関連の通信内容
のうち、最も多かったのはIoT機器を狙った通信であった。

2）総務省、NICT、一般社団法人ICT-ISACおよびインターネット・
サービス・プロバイダ各社は、既にマルウェアに感染しているIoT
機器の利用者に対し注意喚起を行う取組みを実施している。

3）MaaSにおいては、人の移動を快適にするために自動車や公共交通
機関に搭載されたIoT機器のセンサー情報を活用している。

4）IoT機器の特徴は、屋外など過酷な環境下で使用されるため、多く
はその使用期間が3〜5年と短いことにある。

・解説と解答・

1）適切である。

2）適切である。「令和5年版 情報通信白書」によると、IoT機器は、管理が
行き届きにくい、機器の性能が限られ適切なセキュリティ対策を適用でき
ないなどの理由から、サイバー攻撃の脅威にさらされることが多く、その
対策強化の必要性が指摘されている。これを受けて、2019年6月から、総
務省、NICT、一般社団法人ICT-ISACおよびインターネット・サービス・
プロバイダ（ISP）各社が連携して、既にマルウェアに感染しているIoT
機器の利用者に対し、ISPから注意喚起を行う取組みを実施している。こ
の取組みは、NICTが前述のNICTERで得られた情報を基にマルウェア感
染を原因とする通信を行っている機器を検知し、ISPで当該機器の利用者
を特定し注意喚起を行う、という流れで行われている。

3）適切である。IoTはSociety5.0、モノのサービス化（コトづくり・コト消
費）を支える基盤である。MaaS（Mobility as a Service：マース）とは、
移動手段のサービス化のことをいう。個々人の移動ニーズに対応して、複
数の公共交通やそれ以外の移動サービスを最適に組み合わせて検索・予
約・決済等を一括で行うサービスであり、交通以外のサービスとの連携に

より、移動の利便性向上や地域の課題解決にも資するといわれている。MaaSのほかに、インフラのサービス化を意味するIaaS（Infrastructure as a Service：イアースまたはアイアース）、ソフトウェアのサービス化を意味するSaaS（Software as a Service：サース）など、モノを所有せずサービスとして利用する「○○ as a Service」の動きは多方面に広がっている。これらの総称として、XaaS（ザース）という言葉もある。

4）不適切である。総務省「令和2年版 情報通信白書」によると、IoT機器として想定されるモノには10年以上の長期にわたって使用されるものが多く存在しており、セキュリティ対策上の課題になりうると指摘している。

正解　4）

2－17　IoT③

《問》IoTとセキュリティに関する次の記述のうち、最も適切なものはどれか。

1）IoT機器の中には、機能や性能が限られているものがあり、暗号等のセキュリティ対策を適用できない場合がある。

2）多くのIoT機器はセキュリティ対策が施されており、IoT機器がサイバー攻撃の踏み台となり、その利用者が他者への攻撃に加担させられた事例はない。

3）多くのIoT機器には、人間が目視で監視できる小型ディスプレーが搭載されている。

4）パソコンと異なり、IoT機器の用途は限定的であることから、開発段階での想定と異なる使われ方をされる可能性は少ない。

・解説と解答・

1）適切である。

2）不適切である。IoT（Internet of Things）機器が、DDoS攻撃（分散型サービス不能攻撃）の踏み台となり、その利用者が他者への攻撃に加担させられた実例がある。DDoS攻撃は、複数のコンピューターから攻撃対象としたネットワークやコンピューターに大量のデータを送り込むことによって負荷をかけるなどの方法で、サービスを提供できない状態にする攻撃である。踏み台は、攻撃時に不正利用される機器のことである。

3）不適切である。IoT機器には、人間が目視で機器を監視できるディスプレーが搭載されていない場合が多い。

4）不適切である。IoT機器の用途は多様であり、開発者が当初想定していない使われ方をされる可能性がある。

<u>正解　1）</u>

2 −18 IoT④

《問》IoTの活用に関する次の記述のうち、適切なものはいくつあるか。

(a) 製品のIoT化により、モノの使われ方やその状態が可視化され、製品販売と保守等のサービス提供を一体化することが可能となる。

(b) IoTは大量のデータ収集が目的であり、機器の使用で多くの電力を消費することが想定されるため、脱炭素社会実現への貢献度は限定的であると指摘されている。

(c) スマートホームは、IoTに対応した住宅設備・家電機器などが、サービスと連携することにより、住まい手や住まい手の関係者に便益が提供される住宅である。

1） 1つ
2） 2つ
3） 3つ
4） 0（なし）

・解説と解答・

(a) 適切である。製品のIoT（Internet of Things）化により、モノのサービス化であるコト消費・コトづくりが可能となる。コト消費とは、単品の機能的なサービスを享受するだけではなく、個別の事象が連なった総体である「一連の体験」を対象とした消費活動のことをいい、コトづくりとは、モノとサービスを一体化して、モノを基盤としたサービス全体の使用価値・体験価値を売ることをいう。一方、モノ消費とは、個別の商品やサービスが持つ機能的価値を消費することをいい、モノづくりとは、モノ（商品・製品）と保守等の付随サービスをそれぞれ単体で売ることをいう。

(b) 不適切である。IoTを介して製品の稼働状況をモニタリングし、機器を最適に稼働することによって消費資源やエネルギー量を削減でき、結果として脱炭素社会実現やSDGsに貢献すると期待されている。

(c) 適切である。経済産業省「スマートホームの安心・安全に向けたサイバー・フィジカル・セキュリティ対策ガイドライン」では、スマートホームを記述の通り定義している。

正解　2）

2－19 情報銀行①

《問》情報銀行に関する次の記述のうち、最も不適切なものはどれか。

1）情報銀行は、個人との「データ活用に関する契約等」に基づき個人のデータを管理するとともに、個人の指示またはあらかじめ指定した条件に基づき個人の代わりに妥当性を判断し、データを第三者に提供するものである。

2）情報銀行事業を始める事業者は、一般社団法人日本IT団体連盟の情報銀行認定制度の認定を受けなければならない。

3）PDSは、個人が自らの意思に基づき自分自身のデータを蓄積・管理するための仕組みであり、第三者に対するデータ提供に係る制御機能を含んでいる。

4）データ取引市場は、データの保有者と当該データの活用を希望する者を仲介し、売買等によるデータ取引を可能にするものである。

・解説と解答・

1）適切である。総務省・経済産業省の「情報信託機能の認定スキームの在り方に関する検討会」で取りまとめられた「情報信託機能の認定に係る指針Ver3.0」によると、「情報銀行」は、実効的な本人関与（コントローラビリティ）を高めて、パーソナルデータの流通・活用を促進するという目的のもと、利用者個人が同意した一定の範囲において、利用者個人が、信頼できる主体に個人情報の第三者提供を委任するというものであり、銀行法に定める「銀行」とは異なる。情報銀行の普及により、新規サービスの創出や国民生活の利便性の向上などが期待されている。なお、情報銀行事業に参入するうえで必須ではないが、一般社団法人日本IT団体連盟による情報銀行認定制度が設けられている。

2）不適切である。上記1）の解説参照。

3）適切である。PDS（Personal Data Store）では、本人が自分自身の情報を管理・提供するが、情報銀行では本人の指図に基づき情報銀行が妥当性を判断したうえで情報を第三者に提供する。

4）適切である。個人に関するデータだけではなく、各種センサーで収集された情報等も取引対象となる。市場参加者は、情報銀行、事業会社等が想定されている。例えば、電気事業法改正により電力データの外部販売が可能

となる。対象は、個人の同意を取得した電力データである。スマートメーター経由で収集し在宅状況、工場の稼働状況をリアルタイムで把握が可能となる。

<u>正解　2）</u>

2−20　情報銀行②

《問》情報銀行に関する次の記述のうち、「情報信託機能の認定に係る指針Ver3.0」に照らし、最も適切なものはどれか。
1）情報銀行が利用者個人から委任を受けて管理および第三者提供を行う個人情報として、要配慮個人情報を含む事業は一切認められていない。
2）情報銀行は、利用者（対象となる情報に関する本人）から明示的な同意を取得して業務を遂行することが前提となっている。
3）情報銀行からデータの提供を受ける提携企業については、多様な業種等が想定されることから、これらの提携企業におけるデータの利用目的を利用者に明示することは要しない。
4）情報銀行からデータの提供を受ける提携企業から情報が漏えいした場合、情報銀行は一切の責任を負わない。

・解説と解答・

1）不適切である。健康・医療分野の要配慮個人情報は利用者個人や社会のために活用するニーズが高いとの意見を受けて、2023年7月に「情報信託機能の認定に係る指針Ver3.0」が策定され、一定の取扱要件を満たす健康・医療分野の要配慮個人情報に限り、その要件を満たしたうえで取り扱うことが認められることとなった。一定の取扱要件とは次の通りである。
①利用者個人にとって明確な便益があり、かつ、不利益が生じるおそれがないこと
②その便益がもたらされると認めるに足る根拠が示されること
③「利用者個人に提供される便益」は、利用者個人の健康増進や適切な医療の提供といった健康に係る便益をもたらすものを原則とするが、介護保険外サービス、子育てサービス、保険関連サービスなどの健康・医療に関連する便益についても、根拠があることを前提に容認する。
④「その便益がもたらされると認めるに足る根拠」とは、医療専門職による診断・助言のほか、学会等におけるコンセンサスなど、データ提供時点において一定の合理性が認められる知見・見解のことを指す。
⑤その根拠の妥当性の判断に当たっては、医療専門職の参加するデータ倫理審査会への諮問を要する。

2）適切である。

3）不適切である。提携企業におけるデータの利用目的（情報の提供を受けた提携企業が情報をどのように活用するのか）を明示することが情報銀行においては重要とされている。

4）不適切である。総務省・経済産業省の「情報信託機能の認定スキームの在り方に関する検討会」で取りまとめられた「情報信託機能の認定に係る指針Ver3.0」に記載されたモデル約款によると、「提供先第三者に帰責事由があり利用者個人に損害が発生した場合は、情報銀行は当該個人に対し損害賠償責任を負う」としている。

<u>正解　2）</u>

2－21　中央銀行デジタル通貨

《問》中央銀行デジタル通貨に関する次の記述のうち、最も適切なものは
どれか。
1）広義の中央銀行デジタル通貨には、民間事業者が発行する電子マ
ネーや、ビットコイン等の暗号資産が含まれる。
2）中央銀行デジタル通貨の法的要件として、中央銀行の債務として発
行されることが挙げられるが、法定通貨建てである必要はない。
3）2024年3月時点において、中央銀行デジタル通貨を正式に導入して
いる国が複数ある。
4）日本銀行は、災害の多い日本では中央銀行デジタル通貨の発行は困
難であるとして、実証実験は計画していない。

・解説と解答・

1）不適切である。民間事業者発行の電子マネーや、ビットコイン等の暗号資
産は中央銀行デジタル通貨（Central Bank Digital Currency：CBDC）に
は含まれない。CBDCは、デジタル化されていること、円などの法定通貨
建てであること、中央銀行の債務として発行されることが要件とされてい
る。CBDCが具備すべき基本的な特性として、①「誰でも使える」ユニ
バーサルアクセス、②「安心して使える」セキュリティ、③「いつでも、
どこでも使える」強靱性、④即時決済性、⑤民間決済システムなどとの相
互運用性、がある。
2）不適切である。上記1）の解説参照。
3）適切である。2024年3月末時点で、バハマ、ジャマイカ、ナイジェリア、
東カリブの計11カ国で正式に導入済みである。
4）不適切である。日本銀行は2021年4月から2022年3月まで概念実証フェー
ズ1（システム上の検証）として、システム的な実験環境を構築し、決済
手段としてのCBDCの中核をなす、発行、払出、還収等の基本機能に関す
る検証を行い、2022年4月から2023年3月までは概念実証フェーズ2とし
て、フェーズ1で構築した実験環境にCBDCの周辺機能を付加して、その
実現可能性などの検証を行った。さらに、2023年4月からは中央システム
から、仲介機関ネットワーク、仲介機関システム、エンドポイントデバイ
スまでを一体的に実装するものとして実験用システムを構築し、エンド

ツーエンドでの処理フローの確認や、外部システムとの接続に向けた課題・対応策の検討などを行うパイロット実験に着手している。単にリサーチ中心の検討にとどまらず、実証実験を通じて、より具体的・実務的な検討を行っていることが、この取組みの特徴といえる。

正解　3）

2－22　ＤＸ関連技術①RPA、AI-OCR等

《問》金融機関の営業担当者Xが、取引先企業から業務課題について相談を受けた際の回答に関する次の記述のうち、最も不適切なものはどれか。

1) 取引先企業から、「毎日、システム画面から情報を取得し、表計算ソフトに手作業で入力している業務を自動化したい」という相談を受けたので、XはRPAの導入を提案した。
2) 取引先企業から、「画像データを業務データと同じデータベースで管理したい」という相談を受けたので、Xはブロックチェーンによるデータベースの構築を提案した。
3) 取引先企業から、「感染症対策のため店内の混雑状況を分析したい」という相談を受けたので、XはＡＩカメラの導入を提案した。
4) 取引先企業から、「手書きの申込書の入力業務を効率化したい」という相談を受けたので、XはAI-OCRの導入を提案した。

・解説と解答・

1) 適切である。相談内容は定型的な入力業務であることから、事業プロセス自動化技術の１つであるRPA（Robotic Process Automation）の導入は、適切な提案である。処理手順を登録すれば、単純な事務作業を自動化し、業務効率化が実現できる。RPAが得意とする業務プロセスは、入力、集計・加工、検索・抽出、データチェック、データダウンロード・アップロードなどである。

2) 不適切である。相談内容は異なる形式のデータの一元管理であることから、データレイクの構築が、適切な提案である。データレイクとは、異なる形式のデータをそのままの形式で保管すること。ビッグデータ分析、機械学習などにも活用される。ブロックチェーンは、ネットワークに接続された複数のコンピューターがデータを共有することで、データの耐改ざん性・透明性を担保するデータベースの１つであり、設問の相談内容に対しては、適切な提案とはいえない。

3) 適切である。相談内容は混雑状況の自動分析であることから、ＡＩ（人工知能）を活用したＡＩカメラの導入は、適切な提案である。監視という単一の目的を持つ従来型の監視カメラと異なり、ＡＩカメラは店舗などに設

置することによって、来店者の属性や混雑状況など多様な情報を分析することができる。

4）適切である。相談内容は手書き申込書入力業務の効率化であることから、高精度に手書き文字をデジタル化するAI-OCRの導入は、適切な提案である。AI-OCRは、従来型のOCR（光学文字認識）にＡＩの機能を付加し、文字認識の精度を高度化したものである。

<u>正解　2）</u>

2-23　ＤＸ関連技術②チャットボット、Cookie等

> 《問》ＤＸに関連する用語に関する次の記述のうち、最も適切なものはどれか。
>
> 1）RPAは、問題解決を求められる非定型業務を自動化するソリューションである。
> 2）チャットボットには、シナリオ型と人工知能型の2種類があるが、導入時にはいずれもシナリオを準備する必要がある。
> 3）キャッシュとは、ユーザーが訪問したWebサイトのWebサーバーが訪問者のパソコンに作成するテキストファイルのことをいう。
> 4）クッキー（Cookie）は、Webブラウザーが一度表示したページのデータを保存する機能のことをいう。

・解説と解答・

1）不適切である。RPA（Robotic Process Automation）は、定型業務に係る事務プロセス自動化技術の1つである。処理手順を登録すれば、単純な事務作業を自動化し、業務効率化が実現できる。RPAが得意とする業務プロセスは、入力、集計・加工、検索・抽出、データチェック、データダウンロード・アップロードなどである。

2）適切である。チャットボット（Chatbot）は、チャット（インターネット上のリアルタイムコミュニケーション）と、ボット（ロボットの略称で、人間に代わって一定の処理を行うアプリケーション）を組み合わせた造語である。シナリオ型は、人間があらかじめシナリオを用意し、その通りに応答するもの。一方、人工知能型は、機械学習型のＡＩ（人工知能）を搭載しており、導入当初はあらかじめ準備したシナリオに沿った応答をするが、実際の問い合わせ内容を学習することで、次第に応用的な応答も可能になる。チャットボットは24時間対応可能で、メッセージアプリと同様のインターフェースを持ち、問い合わせをする側（顧客）にとって使い勝手がいいことが特徴。シナリオ型も人工知能型も適切なシナリオ作成がポイントになる。

3）不適切である。キャッシュとは、Webブラウザーが一度表示したWebページのデータを保存する機能のことをいう。再度、同じWebページを訪問した際、キャッシュデータを利用して、表示速度を上げることができる。

　　選択肢はクッキー（Cookie）に関する記述である。

4）不適切である。クッキーとは、ユーザーが訪問したWebサイトのWebサーバーが、当該ユーザーのパソコンなどに作成するテキストファイルのことをいう。例えば、ショッピングサイトであれば、買い物かご情報や会員情報がクッキーに保存される。クッキーには重要な個人情報が含まれることがある。Webブラウザーの設定で、クッキーを利用しないこともできる。選択肢はキャッシュに関する記述である。

<u>正解　2）</u>

2−24　ＤＸ関連技術③ブロックチェーン

《問》ブロックチェーンに関する次の記述のうち、最も不適切なものはどれか。
1）ブロックチェーンは、データの耐改ざん性・透明性が担保できる。
2）ブロックチェーンは、従来型のデータベースと比較すると、電力消費が少なく、脱炭素社会実現に貢献する環境に優しいデータベースである。
3）ブロックチェーンは、一定期間のデータをブロックという単位にまとめて管理するが、ブロックは約10分間隔で生成される。
4）ブロックチェーンのブロックは、ハッシュ値、取引データ、ナンス値から構成されている。

● 解説と解答 ●

1）適切である。ブロックチェーンの特徴はデータの耐改ざん性と透明性にある。この特徴から、ビットコインなどの暗号資産にも用いられる基盤技術となっている。なお、暗号資産はインターネット上でやりとりできる財産的価値であり、資金決済法において、次の性質を持つものと定義されている。①不特定の者に対して、代金の支払等に使用でき、かつ、法定通貨（円や米ドル等）と相互に交換できる、②電子的に記録され、移転できる、③法定通貨または法定通貨建ての資産（プリペイドカード等）ではない。

2）不適切である。ナンス値の算出（マイニング）に大量の計算が必要で、電力を大量消費する。そのため、環境に優しくないデータベースともいわれている。

3）適切である。約10分間隔で次々と生成されるブロックの連鎖をブロックチェーンという。

4）適切である。ハッシュ値は、過去のすべての取引を暗号化したデータ。取引データは、次のブロックが生成されるまでの約10分間に発生した取引に関する情報の集合体。ナンス値は、number used onceの略で、使い捨ての数字であり、次のブロックのハッシュ値を決定する役割を担う。ナンス値を算出することをマイニングと呼ぶ。

正解　2）

2－25　ＤＸ関連技術④ブロックチェーン

《問》ブロックチェーンの種類に関する次の記述のうち、最も不適切なものはどれか。
1）ブロックチェーンのうち、参加者が限定されていないものをオープンブロックチェーンという。
2）ブロックチェーンのうち、参加に管理者の許可が必要なものをパーミッションブロックチェーンという。
3）ブロックチェーンのうち、管理者が単独のものをプライベートブロックチェーンという。
4）ブロックチェーンのうち、管理者が複数のものをコンソーシアムブロックチェーンという。

●解説と解答●

1）不適切である。参加者が限定されていないブロックチェーンをパブリックブロックチェーンという（《図表》参照）。代表例として、ビットコインやイーサリアムなどの暗号資産がある。
2）適切である。パブリックブロックチェーンとパーミッションブロックチェーンは、参加者の範囲での分類である。このうち、パーミッションブロックチェーンはさらに、管理者の数で、プライベートブロックチェーンとコンソーシアムブロックチェーンに分類される。
3）適切である。プライベートブロックチェーンは、自社のデータベースの可用性を高めるために構築することが多い。
4）適切である。コンソーシアムブロックチェーンは、管理者が複数であるため、プライベートブロックチェーンよりもデータ改ざんが発生しにくい。

正解　1）

《図表》ブロックチェーンの種類

出典：一般社団法人金融財政事情研究会通信教育講座「金融ＤＸがよくわかる講座」

2 −26　ＤＸ関連技術⑤ブロックチェーン

《問》ブロックチェーンの活用に関する次の記述のうち、最も適切なもの
はどれか。
1 ）ブロックチェーンは、社内情報系システムに適している。
2 ）ブロックチェーンは、金融機関の口座管理システムに適している。
3 ）ブロックチェーンは、農産物生産者情報の管理に適している。
4 ）ブロックチェーンは、大量の取引が発生する市場取引システムに適
している。

・解説と解答・

1 ）不適切である。ブロックチェーンは、複数のコンピューターがデータを管
理する分散型データベースであり、関係当事者が1社である社内情報系シ
ステムに適しているとはいえない。
2 ）不適切である。関係当事者が1社である金融機関の口座管理システムに適
しているとはいえない。
3 ）適切である。ブロックチェーンの耐改ざん性と透明性という特徴を生かす
ことで、品質管理の高さを消費者に訴求できることから、適しているとい
える。
4 ）不適切である。ブロックの更新が約10分間隔と更新間隔が長く、大量の
データの記録に適しているとはいえない。

正解　3 ）

2－27　ＤＸ関連技術⑥ブロックチェーン

《問》ブロックチェーンの活用に関する次の記述のうち、最も不適切なものはどれか。
1）ブロックチェーンを活用した貿易金融システムは、既に利用が始まっている。
2）ビットコインなどの暗号資産は、ブロックチェーンを基盤技術としている。
3）NFTとは一般に、ブロックチェーン技術を活用して発行された代替できないデジタルトークンのことをいう。
4）デジタル債は、債券証書の発行を電子化したものであり、ブロックチェーンは活用していない。

・解説と解答・

1）適切である。英HSBCグループ、英スタンダードチャータード、仏BNPパリバ、蘭INGグループなどの大手金融連合が2020年10月から、貿易会社の支払を保証する書類（信用状）業務でブロックチェーンによる電子取引を開始している。従来の書類による取引で1週間程度要していたものを1日に短縮している。ブロックチェーンを活用したデータベースには、次の利点がある。①可用性：分散管理・処理を行うことによりネットワークの一部に障害が発生してもシステムの稼働を維持できること、②完全性：データを連鎖して保存しているため過去の記録と整合する改ざんはほぼ不可能かつ記録の改ざんのリアルタイム監視が可能なこと、③低コスト化：中央管理者が不要となり低コスト化が可能。一方、次の課題がある。①スループット：スケーラビリティ性能（システム規模の変化に対応できる能力・度合）が不十分、②プライバシー：取引履歴の明示が前提の検証メカニズム、③ガバナンス：ブロックチェーンを形成しているコミュニティの成熟度が低い、④セキュリティ：長期的運用時の安全性の検証が不十分、⑤スタンダード：標準化がなされないままビジネス利用が進展。

2）適切である。ブロックチェーンの特徴はデータの耐改ざん性と透明性にある。この特徴から、ビットコインなどの暗号資産にも用いられる基盤技術となっている。

3）適切である。NFTはNon-Fungible Token（非代替性トークン）の略。デ

ジタルデータは簡単に複製を作れるものとされてきたが、NFTは複製の
ない唯一無二のデータとなる。デジタルアートのNFTが高額で落札され
るなど話題を集めている。
4）不適切である。債券管理をブロックチェーン上で行うものをデジタル債と
いう。

<u>正解　4）</u>

2－28　ＤＸ関連技術⑦ＡＩ

《問》ＡＩに関する次の記述のうち、最も適切なものはどれか。
1）2010年代にＡＩの開発が進展した背景には、インターネット普及に伴うデジタルデータの飛躍的増加がある。
2）深層学習とは、学習の仕組みをコンピューターなどで実現したもので、入力されたデータから法則を発見し、新たなデータに適用することで、その新たなデータに関する識別や予測を可能とするものをいう。
3）機械学習とは、多数の層からなるニューラルネットワークを用いるもので、法則を発見するうえで何に注目するかを、ＡＩ自ら検出することが可能なものをいう。
4）機械学習において、アノテーションは、教師なし学習を行ううえで必要となる要素である。

・解説と解答・

1）適切である。なお、金融分野におけるＡＩ（人工知能）適用領域としては、デジタルマーケティング（金融商品提案の高度化など）、信用評価（デフォルト予測、審査業務の自動化など）、コンプライアンス（マネー・ローンダリング防止など）、顧客対応（コールセンター業務支援、ビジネスマッチング精度向上など）などが想定されている。

2）不適切である。深層学習はDeep Learning（ＤＬ）といい、多数の層からなるニューラルネットワーク（脳の神経回路の仕組みを模した分析モデル）を用いるもので、法則を発見するうえで何に注目するか（特徴量）を、自ら検出することが可能である。選択肢は機械学習（Machine Learning）に関する記述である。

3）不適切である。機械学習はMachine Learning（ＭＬ）といい、学習の仕組みをコンピューターなどで実現したもので、入力されたデータから法則を発見し、新たなデータに適用することで、その新たなデータに関する識別や予測を可能にするものをいう。機械学習は、学習→推論の順で行う。学習とは、入力されたデータを分析することで、コンピューターが識別等を行うためのパターンを確立することである。推論とは、学習済みモデルを投入し、確立されたパターンに従い、入力されたデータの識別等を

行うことである。選択肢はDeep Learning（ＤＬ：深層学習）に関する記述である。

4）不適切である。機械学習には、次の方法がある。①教師あり学習：アノテーション（教師データ）による学習で、データに正解を付与して、正解を教えてあげる学習方法、②教師なし学習：データに正解を付与しないで学習させる方法、③強化学習：一定の環境の中で試行錯誤を行い、報酬を与えることで学習させる方法。

<u>正解　1）</u>

2-29 DX関連技術⑧AI

《問》金融機関のAI活用に関する次の記述のうち、最も不適切なものは
どれか。
1) AIを活用したローン顧客開拓の高度化の手法として、イベント
ベースドマーケティングが期待されている。
2) AIを活用したコンプライアンス業務支援は、十分なデータが得ら
れずAIの学習機会が乏しいことから、導入には多くの課題がある
とされる。
3) AIを活用した顧客対応・業務支援として、ヘルプデスク業務の支
援や自動化がある。
4) AIを活用した信用評価として、残高推移や入出金などの預金口座
情報に基づくデフォルト予測がある。

・解説と解答・

1) 適切である。ニーズのありそうな顧客にアプローチする従来型のマーケ
ティングに対して、イベントベースドマーケティング（Event Based
Marketing：EBM）は、顧客の行動（イベント）からニーズを推察し、
最適な商品を最適なタイミングで勧めるマーケティング手法のことをい
う。また、顧客の行動を分析することによってアプローチを変えたり、イ
ベント発生前の段階でアプローチしたりするマーケティング手法のこと
を、ビヘイビアベースドマーケティング（Behavior Based Marketing：
BBM）という。いずれもAI（人工知能）を活用した金融商品提案の高
度化の手法として期待されている（《図表》参照）。
2) 不適切である。マネー・ローンダリング防止に係る不正送金の監視や、不
適切な営業活動の検知などで活用が期待されている。
3) 適切である。例えば、AIチャットボットの活用がある。
4) 適切である。

正解　2)

《図表》金融機関のＡＩ活用事例

デジタルマーケティング	Behavior Based Marketingによる顧客への金融商品提案の高度化 Event Based Marketingによるローン顧客開拓の高度化
信用評価	オンラインレンディングにおける与信審査の高度化、即時化 預金口座情報（入出金、残高推移）に基づくデフォルト予測 住宅ローン等の審査業務の自動化、迅速化 信用評価の強化 ・取引先定性情報分析 ・営業エリア、業種景況感分析 ・企業間つながり分析 ・ニュース等による取引先企業へのインパクト分析 ・SNS解析による取引先イベント把握
コンプライアンス	不正送金監視 アンチマネー・ローンダリング、テロ資金供与対策取引の監視 不適切な営業活動の検知
顧客対応、業務支援	ヘルプデスク、コールセンター業務支援、自動化 為替予測に基づく外貨自動積立サービス 動画、音声解析による営業のベストプラクティス化 情報収集等の自動化による営業支援 ビジネスマッチングの精度向上

出典：日本銀行金融機構局金融高度化センター「ＡＩを活用した金融の高度化に関するワークショップ報告書」（2019年 9 月）

2－30　ＤＸ関連技術⑨ＡＩ

《問》政府が2019年３月に決定・公表した「人間中心のＡＩ社会原則」に関する次の記述のうち、最も適切なものはどれか。

1）政府は、「人間中心のＡＩ社会原則」が適用された社会を「AI-Startな社会」と位置付けた。

2）「人間中心のＡＩ社会原則」は、基本理念として、「人間の尊厳が尊重される社会」「多様な背景を持つ人々が多様な幸せを追求できる社会」の２つを挙げている。

3）「人間中心のＡＩ社会原則」は、７つの原則で構成されており、その中には、パーソナルデータ活用の原則が含まれる。

4）「人間中心のＡＩ社会原則」は、７つの原則で構成されており、その中には、教育・リテラシーの原則が含まれる。

・解説と解答・

1）不適切である。「人間中心のＡＩ（人工知能）社会原則」が適用された社会を「AI-Readyな社会」としている。「AI-Readyな社会」とは、社会全体がＡＩによる便益を最大限に享受するために必要な変革が行われ、ＡＩの恩恵を享受している、または、必要な時に直ちにＡＩを導入し、その恩恵を得られる状態にある、ＡＩ活用に対応した社会のことをいう。

2）不適切である。「人間中心のＡＩ社会原則」は、基本理念として、①人間の尊厳が尊重される社会、②多様な背景を持つ人々が多様な幸せを追求できる社会、③持続性のある社会の３つを挙げている。

3）不適切である。「人間中心のＡＩ社会原則」は、次の７つの原則で構成されている。①人間中心の原則、②教育・リテラシーの原則、③プライバシー確保の原則、④セキュリティ確保の原則、⑤公正競争確保の原則、⑥公平性、説明責任および透明性の原則、⑦イノベーションの原則。なお、パーソナルデータについては、③プライバシー確保の原則の中で、パーソナルデータが本人の望まない形で流通したり、利用されたりすることによって、個人が不利益を受けることのないようにパーソナルデータを扱わなければならないと警鐘を鳴らしている。基本理念と７つの原則は、ＡＩを活用してＤＸを推進する際に考慮すべき内容となっている。

4）適切である。

<u>正解　4）</u>

2－31　ＤＸ関連技術⑩生成ＡＩ

《問》生成ＡＩ利用時の留意点に関する次の文章のうち、最も適切なものはどれか。

1）生成ＡＩはインターネット上の最新情報を適時学習しているため、質問に対する回答は常に最新の情報であり、その正確性が保証されている。

2）生成ＡＩにより生成された文章、絵画、音楽等は、著作権上問題とならないことが保証されているため、商業利用にあたって調査等を行う必要はない。

3）対話式の生成ＡＩに、入力した情報が漏えいする心配がないか質問し、「漏えいの心配はない」との回答が得られれば、生成ＡＩの利用による機密情報の漏洩を心配する必要はない。

4）生成ＡＩを提供する事業者は利用規約を定めているが、その規約に沿った利用がなされているか監視する体制は、一般的に確立されているとはいえない。

・解説と解答・

　生成ＡＩとは、利用者が入力した情報に応じて、新たな文章、画像、音楽、映像などのコンテンツを生成するＡＩのことをいう。生成ＡＩは、インターネット上などの大量のデータを学習し、その中に存在する潜在的なパターンや規則性を抽出し、入力された情報に対して最も確からしいコンテンツを生成することに特徴がある。

　各コンテンツを生成する代表的なサービス例は、下記の通りである。

《図表》代表的な生成ＡＩサービス例

生成コンテンツ	サービス名称
文章	・ChatGPT（チャットジーピーティ：OpenAI社） ・Gemini（ジェミニ：Google社） ・Microsoft Copilot（マイクロソフト コパイロット：Microsoft社）
画像	・DALL-E（ダリ：OpenAI社） ・imagen（イマジェン：Google社） ・Stable Diffusion（ステーブル ディフュージョン：Stability AI社） ・Midjourney（ミッドジャーニー：Midjourney社）

	・Bing Image Creator（ビング イメージ クリエーター：Microsoft社） ・Adobe Firefly（アドビ ファイヤーフライ：Adobe社）
音楽	・MusicLM（ミュージック エルエム：Google社）
動画	・Sora（ソラ：OpenAI社） ・Make-a-Video（メイク・ア・ビデオ：Meta社） ・Kaiber（カイバー：Kaiber社）

1）不適切である。生成ＡＩは、最新の情報が反映されているとは限らない。また、「ハルシネーション（幻覚）」と呼ばれる、異なる事実や存在しない事実を出力するケースが報告されており、質問に対する回答の正確性には常に注意を払う必要がある。したがって、確実な情報源を基に事実確認を行うことが欠かせない。

2）不適切である。著作権上の扱いは確定しておらず、現在はグレーゾーンであり、特に営利目的の利用においては慎重であることが求められる。

3）不適切である。すべての生成ＡＩにおいて情報漏えいの心配がないとはいえず、生成ＡＩの回答にハルシネーションがみられることから、生成ＡＩから「漏えいの心配がない」と回答があったとしても、機密情報・個人情報を入力すべきではない。2023年には、イタリアで個人情報保護法に抵触する情報収集がされた疑いでChatGPTの一時使用が禁止された事件がある（その後、使用禁止は解除された）。

4）適切である。事業者の定める規約やモラルに反する利用があったとしても、これを防止・摘発するのに有効な法律・対策は不十分である。

正解　4）

2 −32　モノ消費・コト消費

《問》モノ消費・コト消費に関する次の記述のうち、最も不適切なものは
　　　どれか。
1 ）モノ消費とは、個別の商品やサービスが持つ機能的価値を消費する
　　ことをいう。
2 ）コト消費とは、単品の機能的なサービスを享受するだけではなく、
　　個別の事象が連なった総体である「一連の体験」を対象とした消費
　　活動のことをいう。
3 ）モノ消費からコト消費への転換は、体験価値重視から所有価値重視
　　への消費スタイルの変化を意味する。
4 ）モノ消費やコト消費を提供者視点で定義したものが、モノづくり、
　　コトづくりである。

・解説と解答・

1 ）適切である。
2 ）適切である。
3 ）不適切である。モノ消費からコト消費への転換は、所有価値重視から体験
　　価値重視への消費スタイルの変化を意味する。ＤＸは、商品・製品販売後
　　の体験価値を向上させる施策の1つとして捉えることができる。「○○ as
　　a Service」（○○には、MobilityやSoftwareなどさまざまな言葉が入る）
　　はコト消費、コトづくりを支える基盤である。
4 ）適切である。モノづくりにおいては、モノ（商品・製品）と保守などの付
　　随サービスを単体でそれぞれ販売する一方、コトづくりにおいては、モノ
　　とサービスを一体化して、モノを基盤としたサービス全体の使用価値・体
　　験価値を販売する。後者では、販売後の使用価値・体験価値が重要とな
　　る。

正解　3 ）

2−33 「as a Service」

《問》「as a Service」に関する次の記述のうち、最も不適切なものはどれか。
1）MaaSとは、Mobility as a Serviceの略語で、人の移動を支えるサービス基盤のことをいう。
2）IaaSとは、Internet as a Serviceの略語で、Webサイト環境を提供するサービス基盤のことをいう。
3）SaaSとは、Software as a Serviceの略語で、ソフトウェアをインターネット経由で提供するサービス基盤のことをいう。
4）XaaSとは、「as a Service」の総称のことをいう。

・解説と解答・

1）適切である。MaaS（Mobility as a Service：マース）とは、移動手段のサービス化のことをいう。個々人の移動ニーズに対応して、複数の公共交通やそれ以外の移動サービスを最適に組み合わせて検索・予約・決済等を一括で行うサービスであり、交通以外のサービスとの連携により、移動の利便性向上や地域の課題解決にも資するといわれている。

2）不適切である。IaaS（Infrastructure as a Service：イアースまたはアイアース）とは、システム基盤をインターネット経由で提供するものをいう。具体的には、仮想化技術を使ってコンピューターやストレージ、ネットワークなどのハードウェア資源を疑似的に分割・統合し、ユーザーの要望に従って提供するサービス。なお、PaaS（Platform as a Service：パース）とは、アプリケーションプログラムを開発、実行するための環境を提供するサービスである。最近のPaaSにはデータ分析やＡＩなどの機能が組み込まれているものもある。

3）適切である。SaaS（サース）の例として、Gmailなどのメールサービスがある。

4）適切である。モノを所有せずサービスとして利用する「○○ as a Service」の動きは多方面に広がっている。これらを総称して、XaaS（ザース）という。

正解　2）

2－34　コンピューターの進歩①

《問》コンピューターの進歩に関する次の記述のうち、最も不適切なもの
はどれか。
1）ノイマン型コンピューターは、メモリー内にデータとプログラムを
内蔵し、メモリーの命令を逐次取り出して、プロセッサーで処理す
る仕組みである。
2）量子コンピューターは、次世代のノイマン型コンピューターであ
る。
3）量子コンピューターは、量子力学を計算過程に用いることで、理論
上は従来のコンピューターと比較して圧倒的な処理能力を持つとさ
れている。
4）実用的な量子コンピューターが開発されると、既存の暗号技術が解
読される可能性があると危惧されている。

・解説と解答・

1）適切である。
2）不適切である。ノイマン型コンピューター以外のコンピューターを非ノイ
マン型コンピューターといい、量子コンピューターは非ノイマン型コン
ピューターに属している。日本を代表するスーパーコンピューターである
「京（けい）」や「富岳（ふがく）」を含めて、現在使われているコンピュー
ターのほぼすべてがノイマン型コンピューターである。名称の由来は、数
学者ジョン・フォン・ノイマン氏。
3）適切である。量子コンピューターは、ノイマン型コンピューターに比べ、
圧倒的な処理能力を持つことから、金融分野をはじめ、あらゆる分野で社
会変革を起こす可能性のある画期的技術といわれている。実用的な量子コ
ンピューター開発に、世界中の企業や政府がしのぎを削っている。
4）適切である。現在広く利用されている暗号方式には、RSAなどがある。
暗号を解読しようとしても、現実的な時間内で解読することが困難である
という前提で成立している。量子コンピューターの出現は、既存の暗号技
術の脅威となるため、耐量子暗号技術を現在開発中である。

<u>正解　2）</u>

2−35 コンピューターの進歩②

《問》コンピューターの進歩に関する次の記述のうち、最も適切なものは
どれか。
1）ＡＩコンピューターは、非ノイマン型コンピューターではなくノイ
マン型コンピューターに分類される。
2）量子コンピューターのうちイジングマシン型は、組合せ最適化問題
に特化した演算を行うものである。
3）ニューロモーフィック型コンピューターは、ノイマン型コンピュー
ターに分類される。
4）日本の大手電機メーカーは2019年、独自開発した量子コンピュー
ターを用いて「量子超越」を達成（量子コンピューターが従来のコ
ンピューターを計算能力で上回ることを実証）したと科学誌に発表
した。

・解説と解答・

1）不適切である。ＡＩコンピューターは、非ノイマン型コンピューターに分
類されるものとノイマン型コンピューターに分類されるものとがある。
2）適切である。Society5.0を実現するには、組合せ最適化問題を解決するコ
ンピューターが最も必要とされている。組合せ最適化は、与えられた条件
を満たすような組合せを選ぶとき、選べる組合せの中から最も良いものを
短時間で探し出すためにはどうすればいいか検討することである。例え
ば、金融機関が投資先を選ぶ場合や、物流会社が配送計画を立てる場合
に、組合せ最適化を検討していることになる。
3）不適切である。ニューロモーフィック型コンピューターは、非ノイマン型
コンピューターに分類される。脳機能を模倣するデジタル素子などで演算
処理を行う。
4）不適切である。独自開発した量子コンピューターを用いて「量子超越」を
達成（量子コンピューターが従来のコンピューターを計算能力で上回るこ
とを実証）したと科学誌に発表したのは、Googleである。

正解　2）

第 3 章

ＤＸ推進関連法規等

3-1 知的財産保護法制①

《問》知的財産保護法制に関する次の記述のうち、最も適切なものはどれか。

1）著作権法においては、データベースやプログラムは一律にその保護対象とならない。
2）著作権法においては、著作物をAI開発の学習用データに利用する場合に著作権者に許諾を得ることなく利用することができる例外規定が存在する。
3）特許法は、自然法則を利用した技術的思想の創作であれば、高度なものであるかを問わず適用される。
4）意匠法に基づく意匠権は、デザイン等に関するルールであるため、DXにおいて検討する必要はない。

・解説と解答・

1）不適切である。著作権法については、データベースやプログラムがその対象となることが明確化されている（著作権法10条1項9号、12条の2など）。そのため、DXにおけるシステムやサービスとの関係においても、著作権侵害に基づく損害賠償請求等を避けるために、プログラム等の利用が第三者の著作権を侵害しないように配慮が必要となる。

2）適切である。著作物をAI（人工知能）開発の学習用データに利用する場合の例外規定が設けられている（著作権法30条の4第3号）。

3）不適切である。特許法は、「自然法則を利用した技術的思想の創作のうち高度のもの」に適用される（特許法2条1項）。創作のうち高度のものとは、例えば、単純な工作物などは原則として含まれず、特定の化学物質について技術的に改良などを行い格別の有用性を見出したようなケースが該当する。

4）不適切である。意匠権は、デザイン等を保護するものであるため、DXにおいても、デザイン等の保護が論点となる場合、検討が必要となる。

正解　2）

3－2　知的財産保護法制②

> 《問》知的財産保護法制に関する次の記述のうち、最も不適切なものはどれか。
> 1）商標法においては、人の知覚によって認識することができるもののうち、文字、図形、記号、立体的形状もしくは色彩またはこれらの結合、音などのうちの一部のものが保護されている。
> 2）ありふれた氏または名称を普通に用いられる方法で表示する標章のみからなる商標については、商標登録を受けることができない。
> 3）実用新案法においては、形状等に関するアイデア等が保護されている。
> 4）ビジネスモデルに関しては、特許法による保護の対象とはならない。

・解説と解答・

1）適切である。商標法については、「人の知覚によって認識することができるもののうち、文字、図形、記号、立体的形状もしくは色彩またはこれらの結合、音」のうち政令で定めるものが保護される（商標法2条1項）。ＤＸとの関係では、サービス名称などの保護について商標法を検討することが求められる。

2）適切である。商標法3条1項4号の登録除外要件に上記の内容が含まれている。「ありふれた氏または名称」とは、例えば、電話帳において同種のものが多数存在するものをいい、「ありふれた氏」に「株式会社」「商店」などを結合したものは「ありふれた名称」に含まれるとされている。なお、従来ある商標について商標登録出願をした場合、既に登録されている他人の登録商標と同一または類似し、その商標登録に係る指定商品・役務が同一または類似する商標については、商標登録が認められていなかった。しかし、2024年4月1日より商標法が改正され、既に登録されている商標の権利者である他人（引用商標権者）の承諾を得ており、かつ、引用商標権者等の業務に係る商品または役務との間で混同を生ずるおそれがない商標については、例外的に商標登録が認められることとなった（コンセント制度、改正商標法4条4項）。これは、企業間で商標の取扱いを含むグローバルな契約の締結事例が増えており、かつ、諸外国の多くの国でコ

ンセント制度が存在していることを踏まえて導入されたものである。

3）適切である。実用新案法2条1項において、「自然法則を利用した技術的
思想の創作」が保護されるものとされている。例えば、押しつぶせる
ティッシュ箱のように形状等に関するアイデアなどが一般に対象になるも
のとされており、DXにおいて直接に出願することは多くないと思われる
が、周辺論点として把握すべきである。

4）不適切である。特許法は、「自然法則を利用した技術的思想の創作のうち
高度のもの」に適用される（特許法2条1項）。例えば、ビジネスモデル
であっても、システムとの関係が密接なものであり、そのシステムとの関
係における創作であることが認められれば特許申請を検討することができ
る。

正解　4）

3－3　不正競争防止法①

《問》不正競争防止法に関する次の記述のうち、最も不適切なものはどれか。

1）不正競争防止法においては、営業秘密の保護に関する規定が置かれている。

2）不正競争防止法が適用される場合、損害賠償請求だけではなく、差止請求も認められる。

3）限定提供データのうち、公知情報であっても、秘密管理されているものは、不正競争防止法における保護の対象外である。

4）要配慮個人情報を収集する場合、不正競争防止法に基づく同意取得が必要となる。

・解説と解答・

1）適切である。営業秘密として認められるには、その情報が有用かつ公然と知られておらず、秘密として管理されていることが必要とされている（不正競争防止法2条6項）。特に、ＤＸにおけるデータについては、新規性や特殊性の高い性質を有する情報を含む可能性があり、その営業秘密該当性に微妙な判断が必要となることも想定される。そこで、経済産業省が公表する「営業秘密管理指針」なども参考にして、その適用の有無をあらかじめ検討しておくことも有益である。

2）適切である。不正競争防止法においては、損害賠償請求（4条）だけではなく、差止請求（3条）も認められている。既に不正競争の危険が現実化しており、放置していては著しい損害が生じる可能性がある場合など緊急性があるときには、裁判所に対して、まず侵害行為の停止を内容とする仮処分（差止請求）を申し立てることも選択肢となる。

3）適切である（不正競争防止法2条7項など）。従来、限定提供データとしては、商品として広く提供されるデータやコンソーシアム（共同事業体）内で共有されるデータなど、秘密管理されておらず、事業者等が取引等を通じて第三者に提供するデータが念頭に置かれていた。しかし、近年、自社で秘密管理しているデータを他社に提供する企業実務があることを受け、2024年4月1日より不正競争防止法が改正され、限定提供データの対象に秘密管理されているビッグデータも含まれることとなった。

4）不適切である。要配慮個人情報に関する同意取得は、個人情報保護法に基づき求められる（個人情報保護法20条2項）。なお、「要配慮個人情報」とは、本人の人種、信条、社会的身分、病歴、犯罪の経歴、犯罪により害を被った事実その他本人に対する不当な差別、偏見その他の不利益が生じないようにその取扱いに特に配慮を要するものとして政令で定める記述等が含まれる個人情報のことをいう（同法2条3項）。

<u>正解 4）</u>

3 － 4　不正競争防止法②

《問》不正競争防止法に関する次の記述のうち、最も適切なものはどれ
　か。

1 ）不正競争防止法において、他人の商品の形態を模倣した商品を、譲
　渡したり貸し渡したりする行為は不正競争行為に該当するが、電気
　通信回線を通じて提供する行為は不正競争行為には該当しない。

2 ）製造業 X 社の従業員 A が、在職中にアクセス可能であった同社の営
　業秘密に該当する生産方法等の技術上の秘密を取得し、その後同社
　を退職したにもかかわらず、当該技術上の秘密を消去せず、当該技
　術上の秘密を用いて生産等をした場合は、A の行為は不正競争行為
　に該当すると推定される。

3 ）量販店 X の販売員 A が、同店内の未施錠の棚に保管されていた仕入
　先リストをコピーし、当該リストの原本は元の棚に戻した。A がそ
　の後、X を退社して量販店 Z を創業し、当該仕入先リストのコピー
　を活用することで大きく売上を伸ばした場合、A は不正競争防止法
　違反で罰せられる。

4 ）玩具会社 X が特徴的なデザインのゲーム機を新発売し、その 5 年後
　に玩具会社 Z から形態がよく似たモノマネ商品が発売された場合、
　X は不正競争防止法に基づき、Z に損害賠償を請求できる。

・解説と解答・

1 ）不適切である。従来、他人の商品の形態を模倣した商品を、電気通信回線
　（インターネット等）を通じて提供する行為は、不正競争防止法における
　不正競争行為には該当せず、規制の対象外とされていたが、2024 年 4 月 1
　日より施行された改正不正競争防止法においては、電気通信回線を通じた
　提供行為も不正競争行為に該当することとなり、規制されることとなった
　（改正不正競争防止法 2 条 1 項 3 号）。

2 ）適切である。営業秘密の使用行為や、営業秘密侵害品が当該使用行為に
　よって生産されたものであることの立証責任は、原則として当該営業秘密
　の被侵害者（被害者）の側にある。しかし、そのような使用や生産行為は
　侵害者の内部領域（工場、研究所等）で行われることが多く、被侵害者が
　その立証に関する証拠を収集することはきわめて困難な場合も多いことか

ら、不正競争防止法では、一定の要件を満たす場合には、侵害者の行為が不正競争行為に該当すると推定する規定を設けている（使用等の推定規定）。従来、この規定の対象となるのは、①対象となる情報が被侵害者の営業秘密であり、生産方法等の技術上の情報であること、②侵害者による同法2条1項4号、5号または8号に該当する営業秘密不正取得行為があったこと、③侵害者が被侵害者の営業秘密を用いて生産することのできる物を生産等していること、の要件を満たす行為に限定されていた。しかし、2024年4月1日より施行された改正不正競争防止法においては、②の要件の対象範囲を、(i)元従業員等の、元々営業秘密に正当なアクセス権限のある者（改正不正競争防止法5条の2第3項）、(ii)不正な経緯を知らずに営業秘密を転得したがその経緯を事後的に知った者（同条2項、4項）で、悪質性が高い場合（警告書が届いた後も、営業秘密が記録されている媒体等を削除しなかった場合など）にまで拡充している。

3）不適切である。不正競争防止法において、保護の対象となる営業秘密とは、秘密管理性、有用性、非公知性という3要件を満たす必要があり、「秘密管理性」は企業が秘密管理する意思を明確にし、従業員等に明確に示されていること、「有用性」は事業活動に利用されており、利用されることで経営効率改善などに役立っていること、「非公知性」は企業の管理下以外では一般に入手できないこと、をそれぞれ意味する。当該仕入先リストは、施錠されていない棚に置かれており、容易に閲覧可能な状態にあったため、営業秘密の3要件のうち、秘密管理性が十分でなく、営業秘密として認められないため、Aは罰せられない可能性が高い。

4）不適切である。商品形態模倣による不正競争への保護は、オリジナルの商品が日本国内で最初に販売されてから3年が経過すると、適用されない（不正競争防止法19条1項5号）。ただし、Xが当該ゲーム機の意匠登録をすれば、登録から20年間、そのデザインは保護対象となり、意匠法に基づき、Zに損害賠償を請求できる。

正解　2）

3－5　特定商取引法

《問》特定商取引法に関する次の記述のうち、最も不適切なものはどれか。

1）通信販売の広告には、原則として、「商品若しくは特定権利の売買契約又は役務提供契約に係る申込みの期間に関する定めがあるときは、その旨及びその内容」を表示しなければならない。

2）販売業者は、通信販売に係る売買契約の申込みの撤回または解除を妨げるため、当該売買契約の解除に関する事項につき、不実のことを告げる行為をしてはならない。

3）適格消費者団体は、不適切なサブスクリプション取引等に関し、差止請求を訴訟として提起することはできない。

4）不適切なサブスクリプション取引等に関し、直接に罰則が適用される場合がある。

・解説と解答・

1）適切である（特定商取引法11条4号）。なお、「その表示に当たっては、申込みの期間に関する定めがある旨とその具体的な期間が消費者にとって明確に認識できるようにする必要がある。例えば、「今だけ」など、具体的な期間が特定できないような表示では、表示したことにはならない」とされている（「特定商取引に関する法律等の施行について」、2022年2月9日）。通信販売についての広告で表示すべき事項としてはその他に、商品もしくは権利の販売価格または役務の対価（販売価格に商品の送料が含まれない場合には、販売価格および商品の送料）（同条1号）、商品もしくは権利の代金または役務の対価の支払の時期及び方法（同条2号）、商品の引渡時期もしくは権利の移転時期または役務の提供時期（同条3号）、商品もしくは特定権利の売買契約または役務提供契約の申込みの撤回または解除に関する事項（同条5号）などがある。

2）適切である（特定商取引法13条の2）。サブスクリプション（定期購入）などにおける不実告知を直接に禁止する観点から、この規律が導入された。なお、不実のことを告げる行為とは「例えば事実に反して「定期購入契約になっているので、残りの分の代金を支払わなければ解約はできない。」などと告げる行為が該当し得る」とされている（「特定商取引に関す

る法律等の施行について」、2022年2月9日)。

3）不適切である（特定商取引法58条の19第4号）。サブスクリプションなど
における不実告知の防止の実効性を確保する観点から、選択肢記載のケー
スなどを念頭において差止請求の新たな類型が設けられている。

4）適切である（特定商取引法70条以下）。

正解　3）

3－6　個人情報保護法①

《問》個人情報保護法に関する次の記述のうち、最も適切なものはどれか。

1）個人情報保護法の対象となるのは、個人の氏名を含むデータに限定される。

2）個人データを加工して第三者に提供する場合、匿名加工情報のルールが適用されることがあるが、当該加工について対外的な公表は要しない。

3）保有個人データとは、個人情報取扱事業者が、開示、内容の訂正、追加または削除、利用の停止、消去および第三者への提供の停止を行うことのできる権限を有する個人データであって、その存否が明らかになることにより公益その他の利益が害されるものとして政令で定めるもの以外のものをいい、6カ月以内に消去するデータも含まれる。

4）他の情報と照合しない限り特定の個人を識別することができないように個人情報を加工して得られる個人に関する情報である仮名加工情報は、第三者提供を行うことができる。

・解説と解答・

1）不適切である。個人情報保護法の対象となるのは、氏名などに限られないことになっている（個人情報保護法2条1項）。例えば、運転免許証番号や保険証番号、マイナンバーなどの個人識別符号を含むデータも適用対象となる。

2）不適切である。匿名加工情報に含まれる個人に関する情報の項目や第三者提供に関する項目を公表する規定等が設けられている（個人情報保護法43条3項など）。「匿名加工情報」とは、特定の個人を識別することができないように個人情報を加工し、当該個人情報を復元できないようにした情報のことをいい（同法2条6項）、ポイントカードの購買履歴や交通系ＩＣカードの乗降履歴などのパーソナルデータの匿名加工を前提とする利活用（本人の同意なく第三者提供を実施することを可能にする）を主な目的として、2015年の改正で導入された。

3）適切である。2022年4月に個人情報保護法が改正され、従来存在していた

限定要件である6カ月以内に消去するデータ（短期保存データ）も、保有個人データに含めることとし、開示、利用停止等の対象となった（同法16条4項）。

4）不適切である。仮名加工情報の第三者提供は禁止されている（個人情報保護法42条）。「仮名加工情報」とは、他の情報と照合することで特定の個人を識別することができる情報のことをいい（同法2条5項）、自社におけるビッグデータの利活用を可能にすることが導入の背景にある。

正解　3）

3－7　個人情報保護法②

《問》個人情報保護法に関する次の記述のうち、最も適切なものはどれか。

1）顔認識データ、指紋認識データ、声帯データなどの生体情報に関するデータは、個人情報保護法の対象には含まれない。

2）匿名加工情報とは、特定の個人を識別することができないように個人情報を加工し、当該個人情報を復元できないようにした情報のことをいい、第三者提供には、当該情報により識別される本人の同意が必要である。

3）個人データに係る本人の数が1,000人を超える漏えい等が発生し、または発生したおそれがある事態が生じたときは、個人情報保護委員会規則で定めるところにより、原則として、当該事態が生じた旨の個人情報保護委員会への報告および当該データにより識別される本人への通知が義務付けられている。

4）仮名加工情報の利用は、加工前の当該情報を取得した際に、当該情報により識別される本人から同意を得た利用目的の範囲内に限定される。

・解説と解答・

1）不適切である。運転免許証番号や旅券番号など個人に割り当てられた番号だけではなく、個人の身体の特徴をコンピューターの用に供するために変換した文字、番号、記号なども個人識別符号として、個人情報保護法の対象となっている（個人情報保護法2条2項、同法施行令1条）。

2）不適切である。匿名加工情報とは、特定の個人を識別することができないように個人情報を加工し、当該個人情報を復元できないようにした情報のことをいうものとされている（個人情報保護法2条6項）。パーソナルデータの利活用（本人の同意なく第三者提供を実施可能にすること）を主な目的として、2015年の改正で導入された。

3）適切である。個人情報保護委員会への報告および識別される本人への通知が必要となる事態とは、①要配慮個人情報が含まれる個人データの漏えい、滅失もしくはき損が発生し、または発生したおそれがある事態、②不正に利用されることにより財産的被害が生じるおそれがある個人データの

漏えい等が発生し、または発生したおそれがある事態、③不正の目的を
もって行われたおそれがある個人データの漏えい等が発生し、または発生
したおそれがある事態、④個人データに係る本人の数が1,000人を超える
漏えい等が発生し、または発生したおそれがある事態である（個人情報保
護法26条、同法施行規則7条）。

4）不適切である。仮名加工情報は、当初の利用目的には該当しない目的で内
部分析に利用することができる。なお、仮名加工情報を作成するときは、
他の情報と照合しない限り特定の個人を識別することができないようにす
るために必要なものとして個人情報保護委員会規則で定める基準に従い、
個人情報を加工しなければならない（個人情報保護法41条）。当該基準
は、①個人情報に含まれる特定の個人を識別することができる記述等の全
部または一部を削除すること、②個人情報に含まれる個人識別符号の全部
を削除すること、③個人情報に含まれる不正に利用されることにより財産
的被害が生じるおそれがある記述等を削除することである（同法施行規則
31条）。「個人情報保護法についてのガイドライン（仮名加工情報・匿名加
工情報編）」には、①の事例として、会員ID、氏名、年齢、性別、サービ
ス利用履歴が含まれる個人情報を加工する場合に、氏名を削除する措置を
講ずる、③の事例として、送金や決済機能のあるWebサービスのログイ
ンID・パスワードを削除するといった記載がある。

正解　3）

3－8　個人情報保護法③

《問》個人情報保護法に関する次の記述のうち、最も不適切なものはどれ
か。

1）個人情報の取得手段であるWebページを構成するファイルを保存
している サーバーや、当該サーバーにアクセス権限を有する端末に
おいて、外部からの不正アクセスにより、当該ファイルに、当該
Webページに入力された情報を窃取するような改ざんがされた痕
跡が確認された場合、不正の目的をもって行われたおそれがある個
人データの漏えい等が発生したおそれがある事態として、個人情報
保護員会への報告と本人への通知が義務付けられている。

2）「生存する個人に関する情報であって、個人情報、仮名加工情報及
び匿名加工情報のいずれにも該当しないもの」が、個人関連情報と
いう保護類型として設けられている。

3）「金融分野における個人情報保護に関するガイドライン」は、金融
分野における個人情報取扱事業者が講じるべき個人データの安全管
理に係る実施体制の整備について、①組織的安全管理措置、②人的
安全管理措置、③物理的安全管理措置または④技術的安全管理措置
のうちの１つを含むものでなければならないものとしている。

4）個人情報保護法は、個人情報取扱事業者に対して、その取り扱う個
人データの漏えい、滅失またはき損の防止その他の個人データの安
全管理のために必要かつ適切な措置を講じなければならないとして
いる。

・解説と解答・

1）適切である（個人情報保護法についてのガイドライン（通則編））。このほ
か、①個人データを格納しているサーバーや、当該サーバーにアクセス権
限を有する端末において外部からの不正アクセスによりデータが窃取され
た痕跡が認められた場合、②個人データを格納しているサーバーや、当該
サーバーにアクセス権限を有する端末において、情報を窃取する振舞いが
判明しているマルウェアの感染が確認された場合、③マルウェアに感染し
たコンピューターに不正な指令を送り、制御するサーバー（C&Cサー
バー）が使用しているものとして知られているＩＰアドレス・FQDN

（Fully Qualified Domain Name：サブドメイン名およびドメイン名からなる文字列であり、ネットワーク上のコンピューター（サーバー等）を特定するもの）への通信が確認された場合、④不正検知を行う公的機関、セキュリティ・サービス・プロバイダ、専門家等の第三者から、漏えいのおそれについて、一定の根拠に基づく連絡を受けた場合、等も、不正の目的をもって行われたおそれがある個人データの漏えい等が発生したおそれがある事態に該当する。

2）適切である。個人関連情報とは、生存する個人に関する情報であって、個人情報、仮名加工情報及び匿名加工情報のいずれにも該当しないものをいう（個人情報保護法2条7項）。個人関連情報は、クッキー（Cookie）を念頭に設けられた。

3）不適切である。「金融分野における個人情報保護に関するガイドライン」は、この「個人データの安全管理に係る実施体制の整備」について、個人データの取得、利用、保管等の各段階に応じた、①組織的安全管理措置、②人的安全管理措置、③物理的安全管理措置および④技術的安全管理措置を講じなければならないものとしている（金融分野における個人情報保護に関するガイドライン）。

4）適切である（個人情報保護法23条）。なお、「個人情報保護法についてのガイドライン（通則編）」は、個人情報取扱事業者が取得し、または取得しようとしている個人情報であって、当該個人情報取扱事業者が個人データとして取り扱うことを予定しているものの漏えい等を防止するために必要かつ適切な措置も含まれるとしている。

<u>正解　3）</u>

3－9　個人情報保護法④

《問》個人情報保護法に関する次の記述のうち、最も不適切なものはどれ
か。
1）金融ＤＸ推進上、金融サービスの検討においては、個人情報保護法
だけではなく、「金融分野における個人情報保護に関するガイドラ
イン」の遵守も含めた検討を行うことが求められる。
2）事業者が匿名加工情報を作成する目的で、個人情報を加工する際に
は、個人識別符号の全部を削除することが必要であるが、個人情報
と他の情報とを連結する符号を削除することは必要ではない。
3）「個人情報保護法についてのガイドライン（通則編)」によると、個
人情報取扱事業者が講じなければならない組織的安全管理措置に
は、①組織体制の整備、②個人データの取扱いに係る規律に従った
運用、③個人データの取扱状況を確認する手段の整備、④漏えい等
事案に対応する体制の整備、⑤取扱状況の把握および安全管理措置
の見直し、が含まれる。
4）個人情報取扱事業者が外国にある第三者に個人データの提供を行う
ために当該データにより識別される本人の同意を取得しようとする
場合には、あらかじめ、当該外国における個人情報の保護に関する
制度、当該第三者が講ずる個人情報の保護のための措置、その他当
該本人に参考となるべき情報を当該本人に提供することが、義務付
けられている。

・解説と解答・

1）適切である。金融サービスにおいては、「金融分野における個人情報保護
に関するガイドライン」の遵守も含め、実務対応において幅広く個人情報
保護法の論点を検討することが一般的となっている。金融ＤＸにおいて
も、対象とする個人情報（個人データ）の範囲を正確に把握したうえで、
個人情報保護法や「金融分野における個人情報保護に関するガイドライ
ン」などの対応を遺ろうなく実施することが求められる。
2）不適切である。匿名加工情報を作成する事業者が、個人情報を適切に加工
する際は、次のすべての措置を行わなければならない（個人情報保護法43
条、同法施行規則34条)。

・特定の個人を識別することができる記述等の全部または一部を削除（置換を含む）すること（例：氏名は削除）

・個人識別符号の全部を削除すること（例：顔画像、指紋等）

・個人情報と他の情報とを連結する符号を削除すること（例：事業者内で個人情報を分散管理してデータベース等を相互に連結するために割り当てられているＩＤ等は削除する）

・特異な記述等を削除すること（例：年齢116歳のように、国内で数名しかいない場合など）

・上記のほか、個人情報とデータベース内の他の個人情報との差異等の性質を勘案し、適切な措置を講ずること

３）適切である（個人情報保護法についてのガイドライン（通則編））。

４）適切である（個人情報保護法28条１項、２項）。

正解　２）

3－10　個人情報保護法⑤

《問》個人情報保護法において、個人関連情報とは、生存する個人に関する情報であって、個人情報、仮名加工情報および匿名加工情報のいずれにも該当しないものをいうが、個人関連情報に関する次の記述のうち、適切なものはいくつあるか。

(a) 「個人に関する情報」のうち、氏名、生年月日その他の記述等により特定の個人を識別することができるものは、個人情報に該当するため、個人関連情報には該当しない。

(b) 個人関連情報取扱事業者は、提供先の第三者が個人関連情報（個人関連情報データベース等を構成するものに限る）を個人データとして取得することが想定されるときは、原則として、あらかじめ当該個人関連情報に係る本人の同意が得られていること等を確認しないで、当該個人関連情報を提供してはならない。

(c) Cookie等の端末識別子を通じて収集された、ある個人のWebサイトの閲覧履歴（特定の個人を識別することができる場合を除く）は個人関連情報に該当するが、ある個人の商品購買履歴・サービス利用履歴（特定の個人を識別することができる場合を除く）は個人関連情報に該当しない。

(d) ある個人の位置情報およびある個人の興味・関心を示す情報（いずれも特定の個人を識別することができる場合を除く）は、個人関連情報に該当する。

1) 1つ
2) 2つ
3) 3つ
4) 4つ

・解説と解答・

(a) 適切である（個人情報保護法についてのガイドライン（通則編））。なお、統計情報も、特定の個人との対応関係が排斥されている限りにおいては、「個人に関する情報」に該当するものではないため、個人関連情報にも該当しない。

(b) 適切である（個人情報保護法についてのガイドライン（通則編））。「個人データとして取得する」ことを現に想定している場合の事例として、提供元の個人関連情報取扱事業者が、顧客情報等の個人データを保有する提供先の第三者に対し、ID等を用いることで個人関連情報を個人データとひも付けて取得することが可能であることを説明している場合等が挙げられている。

(c) 不適切である（個人情報保護法についてのガイドライン（通則編））。Cookie等の端末識別子を通じて収集された、ある個人のWebサイトの閲覧履歴（特定の個人を識別することができる場合を除く）も、ある個人の商品購買履歴・サービス利用履歴（特定の個人を識別することができる場合を除く）も、個人関連情報に該当する。

(d) 適切である（個人情報保護法についてのガイドライン（通則編））。

<u>正解　3）</u>

3－11　マイナンバー制度①

《問》金融機関とマイナンバー制度に関する次の記述のうち、最も不適切
　　なものはどれか。

1）金融機関は、法定調書の作成などに際し、顧客から個人番号の提供
　を拒まれた場合には、法律で定められた義務であることを伝え、提
　供を求めることが必要である。

2）金融機関が預貯金に関して収集した個人番号は、ペイオフに関する
　制度についてのみ利用できる。

3）金融機関は、従業者にマイナンバーを取り扱わせるにあたっては、
　必要かつ適切な監督を行わなければならないが、当該従業者には取
　締役、監査役も含まれる。

4）金融機関は、取り扱う個人番号関係事務ごとに利用目的の内容を検
　討し、どのような方法で利用者などに対して周知するかを検討する
　必要がある。

・解説と解答・

1）適切である。「金融機関の顧客が個人番号の提供を拒んだ場合、どのよう
　な対応が適切ですか」との質問に対し、「顧客に対して個人番号の記載
　は、法律（国税通則法、所得税法等）で定められた義務であることを伝
　え、提供を求めてください」との考え方が示されている（「「特定個人情報
　の適正な取扱いに関するガイドライン（事業者編）」及び「（別冊）金融業
　務における特定個人情報の適正な取扱いに関するガイドライン」に関する
　Q&A」A19－6）。

2）不適切である。国税通則法および地方税法により、金融機関は、預貯金者
　等の情報を個人番号によって検索できる状態で管理しなければならないと
　する義務を課されており、そのことによって、社会保障制度における資力
　調査や税務調査において、効率的な利用に資することとされている。

3）適切である。従業者には、従業員のほか、取締役、監査役、理事、監事、
　派遣社員等が含まれる（（別冊）金融業務における特定個人情報の適正な
　取扱いに関するガイドライン）。

4）適切である（個人情報保護法18条など）。

　　　　　　　　　　　　　　　　　　　　　　　　　　　正解　2）

3−12　マイナンバー制度②

《問》金融機関とマイナンバー制度に関する次の記述のうち、最も不適切
　　　なものはどれか。

1 ）2021年 5 月に成立した公金受取口座登録法により、公的給付の迅速
　　かつ確実な支給のため、預貯金口座の情報をマイナンバーとともに
　　マイナポータルにあらかじめ登録し、行政機関等が当該口座情報の
　　提供を求めることができるようになった。
2 ）2021年 5 月に成立した預貯金者番号利用法により、金融機関には、
　　「預貯金者の意思に基づく個人番号の利用による預貯金口座の管理
　　に関する制度」および「災害時または相続時に預貯金者またはその
　　相続人の求めに応じて預金保険機構が預貯金口座に関する情報を提
　　供する制度」への対応が求められることとなった。
3 ）番号法においては、マイナンバーに関する安全管理措置として、委
　　託先管理は求められていない。
4 ）マイナンバー制度に関する社内規程等の整備の方法として、新規で
　　社内規程等を作成する方法、既存の個人情報に関する社内規程等を
　　変更する（特定個人情報の取扱いを追記する）方法がある。

・解説と解答・

1 ）適切である。公的給付の迅速かつ確実な支給のため、預貯金口座の情報を
　　マイナンバーとともにマイナポータルにあらかじめ登録し、行政機関等が
　　当該口座情報の提供を求めることができることとするとともに、特定公的
　　給付の支給のためマイナンバーを利用して管理できることとする「公的給
　　付の支給等の迅速かつ確実な実施のための預貯金口座の登録等に関する法
　　律」（公金受取口座登録法）が、2021年 5 月に公布され、その運用定着が
　　進んでいる。特定公的給付とは、個別の法律の規定によらない公的給付の
　　うち、国民生活および国民経済に甚大な影響を及ぼすおそれがある災害も
　　しくは感染症が発生した場合に支給されるもの、または経済事情の急激な
　　変動による影響を緩和するために支給されるものとして内閣総理大臣が指
　　定するものをいう。なお、2024年 5 月27日より施行された改正公金受取口
　　座登録法により、年金受給者等、既存の給付受給者等に対して書留郵便等
　　により一定事項を通知した上で同意を得た場合または一定期間内に回答が

なく、同意したものとして取り扱われる場合、内閣総理大臣は当該口座を公金受取口座として登録することが可能となった（改正公金受取口座登録法5条の2第1項）。

2）適切である。「預貯金者の意思に基づく個人番号の利用による預貯金口座の管理等に関する法律」（預貯金者番号利用法）により、預貯金者は、マイナンバーを利用して金融機関が自身を名義人とするすべての預貯金口座を管理することを希望することができ、当該希望に応じた申出を金融機関に対して行うことができる（預貯金者番号利用法3条1項）。また、金融機関は、預貯金契約その他の重要な取引を行う場合において、預貯金者のマイナンバーと預貯金口座をひも付けるかどうかについての承諾の可否を確認し（同条2項）、承諾が得られた場合には、さらに他の金融機関の当該預貯金者名義の預貯金口座とマイナンバーをひも付けるかどうかについての承諾の可否を確認することが求められる（同条5項）。

3）不適切である。マイナンバーの安全管理措置においても、委託先管理が重要とされている（番号法11条）。

4）適切である。金融ＤＸ検討の際にマイナンバーの規程等の整備が論点となる場合、規程を新設する方向で整備するほうが円滑なケースもある。

正解　3）

3-13　情報セキュリティ法制①

《問》情報セキュリティ法制に関する次の記述のうち、最も適切なものは
　　　どれか。
　1）サイバーセキュリティ基本法は、不正アクセス行為の禁止に関する
　　　基本的な枠組みを定める法律である。
　2）金融機関内部におけるＤＸのセキュリティが論点となる場合、「金
　　　融分野における個人情報保護に関するガイドラインの安全管理措置
　　　等についての実務指針」を参照することが重要になる。
　3）取締役の内部統制システム構築義務には、適切なサイバーセキュリ
　　　ティを講じる義務は含まれない。
　4）サイバーセキュリティ対策に関しては、一律に高度な水準とするこ
　　　とが必要であり、各会社が営む事業の規模や特性等を考慮すること
　　　は許されない。

・解説と解答・

1）不適切である。サイバーセキュリティ基本法は、サイバーセキュリティの
　基本的な枠組みを定める法律である。なお、不正アクセス禁止法は、不正
　アクセス行為を禁止するとともに、これについての罰則およびその再発防
　止のための措置等を定めている。

2）適切である。なお、個人情報保護委員会と金融庁が定めた「金融分野にお
　ける個人情報保護に関するガイドライン」は、事業者が個人情報の適正な
　取扱いの確保に関して行う活動を支援する具体的な指針である。

3）不適切である。サイバーセキュリティ対策は、技術的な検討にとどまら
　ず、内部統制の構築の検討も重要である。内閣官房内閣サイバーセキュリ
　ティーセンター（NISC）が公表した「サイバーセキュリティ関係法令Q
　＆AハンドブックVer2.0」には、「会社におけるサイバーセキュリティに
　関する体制は、その会社の内部統制システムの一部といえる。取締役の内
　部統制システム構築義務には、適切なサイバーセキュリティを講じる義務
　が含まれる。具体的にいかなる体制を構築すべきかは、一義的に定まるも
　のではなく、各会社が営む事業の規模や特性等に応じて、その必要性、効
　果、実施のためのコスト等様々な事情を勘案の上、各会社において決定さ
　れるべきである。また、取締役会は、サイバーセキュリティ体制の細目ま

でを決める必要はなく、その基本方針を決定すればよい」という考え方が
示されている。

4）不適切である。上記3）の解説参照。

正解　2）

3－14　情報セキュリティ法制②

《問》情報セキュリティ法制や公的機関が公表している指針等に関する次
　　　の記述のうち、最も適切なものはどれか。

1）総務省の「クラウドサービス提供における情報セキュリティ対策ガ
　　イドライン（第3版）」は、クラウド事業者およびクラウドサービ
　　ス利用者双方にとっての指針となる。
2）経済産業省と独立行政法人情報処理推進機構（IPA）が公表してい
　　る「サイバーセキュリティ経営ガイドラインVer3.0」は、サイバー
　　セキュリティ対策に関する技術的観点に特化した留意点を示した指
　　針である。
3）暗号資産関連サービスに使用するサーバーに虚偽の情報を与え、同
　　サービスの運営会社が管理する暗号資産を移転させ、財産上不法の
　　利益を得た場合、支払用カード電磁的記録不正作出等罪（刑法163
　　条の2）によって処罰される。
4）DXに関連するサービスにおいて、広告メールの送信を検討する場
　　合、個人情報保護法および消費者契約法に配慮しなければならな
　　い。

・解説と解答・

1）適切である。ガイドライン活用の効果は次の通りである。①本ガイドライ
　　ンが、大企業と比較して情報セキュリティ対策に人的・金銭的な資源を割
　　くことが困難な中小規模のクラウドサービス事業者に対して、独自のリス
　　ク分析の負担を軽減し、優先的に取り組むべき対策の指針となる。②他の
　　クラウドサービスと連携してサービスを提供する際、サプライチェーンを
　　構成するクラウドサービス事業者に対する情報セキュリティ対策の要求事
　　項として、本ガイドラインが一定の指針となる。③本ガイドラインが、ク
　　ラウドサービス利用者がクラウドサービスを選択する際の一定の指針とな
　　る。④本ガイドラインが、クラウドサービス利用者がクラウドサービスを
　　利用するにあたって留意すべき情報セキュリティ対策の指針となる。
2）不適切である。技術的な観点にとどまらず、経営的な目線も視野に入れた
　　指針である。なお、本ガイドラインは、経営者が認識すべき3原則とし
　　て、①経営者は、サイバーセキュリティリスクが自社のリスクマネジメン

トにおける重要課題であることを認識し、自らのリーダーシップのもとで対策を進めることが必要、②サイバーセキュリティ確保に関する責務を全うするため、自社のみならず、国内外の拠点、ビジネスパートナーや委託先等、サプライチェーン全体にわたるサイバーセキュリティ対策にも目配りすることが必要、③平時および緊急時のいずれにおいても、効果的なサイバーセキュリティ対策を実施するためには、関係者との積極的なコミュニケーションが必要、を挙げている。

3) 不適切である。支払用カード電磁的記録不正作出等罪（刑法163条の2）によって処罰されるのは、クレジットカードの偽造などである。選択肢の事例は、電子計算機使用詐欺罪（同法246条の2）で処罰される（警察庁「令和元年警察白書」)。

4) 不適切である。広告メールについては、特定電子メール法や特定商取引法によって迷惑メール送信に関するルールが設けられている。ＤＸに関連するサービスにおいて、広告メールの送信が検討対象になることがあるが、原則として、あらかじめ同意した者に対してのみ広告宣伝メールの送信が認められる（特定電子メール法3条1項1号、特定商取引法12条の3第1項1号など）ことに留意しなければならない。

正解　1)

3-15　情報セキュリティ法制③

《問》サイバー犯罪に関する次の記述のうち、最も不適切なものはどれか。

1）キャッシュカードの偽造は、刑法による処罰の対象とはならないが、サイバーセキュリティ基本法による処罰の対象となる。

2）アクセス制御機能を有する特定電子計算機に電気通信回線を通じて当該アクセス制御機能に係る他人の識別符号を入力して当該特定電子計算機を作動させ、当該アクセス制御機能により制限されている特定利用をし得る状態にさせる行為は、不正アクセス禁止法において禁止されている。

3）電気通信回線を介して接続された他の特定電子計算機が有するアクセス制御機能によりその特定利用を制限されている特定電子計算機に電気通信回線を通じてその制限を免れることができる情報または指令を入力して当該特定電子計算機を作動させ、その制限されている特定利用をし得る状態にさせる行為は、不正アクセス禁止法において禁止されている。

4）コンピューターの事務処理を誤らせることによって電磁的記録を不正に作出する行為は、電磁的記録不正作出罪に該当する。

・解説と解答・

1）不適切である。キャッシュカードの偽造は、支払用カード電磁的記録不正作出等罪（刑法163条の2）によって処罰の対象となる。そのほか、「支払用カード」には、キャッシュカードのほか、クレジットカード、プリペイドカードなども含まれる。サイバーセキュリティ基本法は、サイバーセキュリティに関する施策を総合的かつ効率的に推進するため、基本理念を定め、国の責務等を明らかにし、サイバーセキュリティ戦略の策定その他当該施策の基本となる事項等を規定している。

2）適切である（不正アクセス禁止法2条4項1号）。選択肢は不正アクセスのうち、いわゆる不正ログイン型（例えば、他人のID・パスワードなどを不正使用したりする行為）に関する記述である。

3）適切である（不正アクセス禁止法2条4項3号）。選択肢は不正アクセスのうち、いわゆるセキュリティホール（アクセス制御機能のプログラムの

瑕疵、アクセス管理者の設定上のミス等のコンピューターシステムにおける安全対策上の不備）攻撃型（例えば、セキュリティホールの脆弱性を突いた攻撃を行い、対象となるコンピューターを不正に操作したりする行為）に関する記述である。

4）適切である。コンピューターの事務処理を誤らせることによって電磁的記録を不正に作出することは、電磁的記録不正作出罪（刑法161条の2）に該当する。例えば、不正な他人名義のキャッシュカードを作成し、それをATMで使用して、他人の預金を引き出す行為などが想定される。

<u>正解　1）</u>

3−16　情報セキュリティ法制④

《問》情報セキュリティ法制に関する次の記述のうち、最も不適切なもの
はどれか。

1）「特定電子メールの送信等に関するガイドライン」によると、特定
電子メール（迷惑メール）の範囲には、SNSへの招待や懸賞当選の
通知などを装って営業目的のウェブサイトへ誘導しようとする電子
メールも含まれる。

2）利用者による書き込みが可能となるインターネット上のサービスに
おける、誹謗中傷などの被害者から所定の手続を経た請求を受けた
場合、当該サービスの提供事業者および通信事業者は、プロバイダ
責任制限法に基づき、当該誹謗中傷の発信者のログイン時のIPア
ドレス情報を開示することができる。

3）サイバーセキュリティ基本法は、サイバーセキュリティに関する施
策を総合的かつ効率的に推進するため、基本理念を定め、国の責務
等を明らかにし、サイバーセキュリティ戦略の策定その他当該施策
の基本となる事項等を規定している。

4）キャッシュカードに関し、そのカード自体の偽造は、電子計算機損
壊等業務妨害罪（刑法234条の2）の適用対象となる。

・解説と解答・

1）適切である。電子メールの内容が営業上のサービス・商品等に関する情報
を広告または宣伝しようとするものである場合には、特定電子メール（迷
惑メール）にあたる。また、①営業上のサービス・商品等に関する情報を
広告または宣伝しようとするウェブサイトへ誘導することがその送信目的
に含まれる電子メール、②SNS（ソーシャル・ネットワーキング・サービ
ス）への招待や懸賞当選の通知、友達からのメールや会員制サイトでの他
の会員からの連絡などを装って営業目的のウェブサイトへ誘導しようとす
る電子メールも、特定電子メールに含まれる。

2）適切である。2022年10月のプロバイダ責任制限法の改正により、インター
ネット上の誹謗中傷などによる権利侵害について、より円滑に被害者救済
を図る目的から、①新たな裁判手続（非訟手続）の創設、②開示請求を行
うことができる範囲の見直しが行われた。①については、改正前はコンテ

ンツプロバイダ（ＳＮＳ・掲示板などのログイン型サービスの提供事業者）
および経由プロバイダ（通信事業者等）への情報開示請求を２段階で行う
必要があったところ、改正後は非訟制度により、１度で両者への情報開示
を行うことが可能となった。②については、改正前は情報開示の対象が
「発信者情報」（権利侵害投稿を行った際のＩＰアドレス等）に限られてい
たのに対し、改正後は、「特定発信者情報」（ＳＮＳサービス等にログインし
た際のＩＰアドレス等）も開示対象に含まれることとなった。

3）　適切である。なお、サイバーセキュリティ基本法２条における、サイバー
セキュリティの定義は次の通りである。「電子的方式、磁気的方式その他
人の知覚によっては認識することができない方式（以下この条において
「電磁的方式」という。）により記録され、又は発信され、伝送され、若し
くは受信される情報の漏えい、滅失又は毀損の防止その他の当該情報の安
全管理のために必要な措置並びに情報システム及び情報通信ネットワーク
の安全性及び信頼性の確保のために必要な措置（情報通信ネットワーク又
は電磁的方式で作られた記録に係る記録媒体（以下「電磁的記録媒体」と
いう。）を通じた電子計算機に対する不正な活動による被害の防止のため
に必要な措置を含む。）が講じられ、その状態が適切に維持管理されてい
ることをいう」。ＤＸにおける社内ルールなどを検討するに際し、かかる
定義を参考にすることが求められる。

4）　不適切である。キャッシュカードの偽造は、支払用カード電磁的記録不正
作出等罪（刑法163条の２）によって処罰される。電子計算機損壊等業務
妨害罪（同法234条の２）は、データやコンピューターの損壊等によって
第三者の業務を妨害する行為などを処罰の対象とする。

<u>正解　4）</u>

3－17　資金決済サービス

《問》資金決済サービスに関する次の記述のうち、最も適切なものはどれか。

1）所定の要件を充足する高額かつ譲渡可能な電子マネー（高額電子移転可能型前払式支払手段）の発行者は、資金決済法に基づき、あらかじめ業務実施計画を行政庁に届け出る必要がある。

2）資金決済法2条2項は、資金移動業を「銀行等以外の者が為替取引を業として営むこと」と定義しているが、この「為替取引」とは、銀行業務を定める銀行法2条2項2号の「為替取引を行うこと」と異なる意味を有する。

3）資金決済法において、資金移動業には3つの類型が設けられているが、いずれの類型においても送金額の上限が同法施行令で定められている。

4）資金決済法は、紙型の前払式支払手段が譲渡される場合の不適切な利用を防止する措置を講じることを事業者に求めている。

・解説と解答・

1）適切である。資金決済法の届出対象となる高額電子移転可能型前払式支払手段（資金決済法3条8項各号）の発行者は、当該電子マネーの管理方法に加え、健全かつ適切な運営を確保するために必要な事項を定めた業務実施計画を内閣総理大臣に届け出る必要がある（同法11条の2第1項）。また、当該電子マネー発行者は、犯罪収益移転防止法に定める特定事業者に該当し（犯罪収益移転防止法2条2項30の2号）、取引時確認の実施が求められることとなる点にも注意が必要である。なお、電子マネーによる決済サービスは、前払式支払手段発行業（資金決済法2条1項）としてだけではなく、資金移動業（同条2項）としても行うことができる。近年普及しているバーコード決済についても、資金移動業として提供されているケースがある。

2）不適切である。銀行法上の「為替取引」と同義である。

3）不適切である。3つの類型のうち、第一種資金移動業については、送金額の上限は設けられないこととされている。第二種資金移動業、第三種資金移動業については、送金額の上限はそれぞれ100万円に相当する額、5万

　　円に相当する額である（資金決済法36条の2各項、同法施行令12条の2各項）。

4）不適切である。資金決済法については、「サーバー型」の前払式支払手段を念頭において、電子マネーなどが譲渡される場合の不適切な利用を防止する措置を講じることなどを事業者に求める改正が行われている。

正解　1）

3－18　暗号資産とデジタル通貨①

《問》暗号資産およびデジタル通貨に関する次の記述のうち、最も適切な
ものはどれか。
1 ）暗号資産は、資金決済法において、デジタル決済を目的とする電磁
的な財産的価値として認められている決済手段である。
2 ）電子決済手段としてのステーブルコインの売買や交換、その媒介、
管理などを行う事業者は、資金決済法上の「暗号資産交換業者」に
該当する。
3 ）暗号資産の貸付を業として行うことは、資金決済法上の「暗号資産
交換業」に該当する。
4 ）デジタル通貨は、資金決済法上の「前払式支払手段」に該当しない
が、同法の「暗号資産」に該当する。

●解説と解答●

1 ）適切である（資金決済法 2 条14項）。暗号資産は、インターネット上でや
りとりできる財産的価値であり、同法において、次の性質をもつものと定
義されている。①不特定の者に対して、代金の支払等に使用でき、かつ、
法定通貨（日本円や米国ドル等）と相互に交換できる。②電子的に記録さ
れ、移転できる。③法定通貨または法定通貨建ての資産（プリペイドカー
ドなど）ではない。
2 ）不適切である。ステーブルコインは、資金決済法における「電子決済手
段」に該当し（資金決済法 2 条 5 項 1 号）、ステーブルコインの売買や交
換、媒介を行う事業者は「電子決済手段等取引業者」に該当する（同条10
項各号）。また、銀行がステーブルコインを発行する場合は、銀行法上の
規制である「電子決済等取扱業者」に該当し（銀行法 2 条18項）、信用金
庫、信用組合がステーブルコインを発行する場合も、同等の規制である
「信用金庫電子決済等取扱業者」、「信用協同組合電子決済等取扱業者」に
該当することとなる（信金法85条の 3 の 2 第 1 項、協金法 6 条の 4 の 4 第
1 項）。なお、ステーブルコインとは、デジタル通貨の種別の一つとし
て、価格の安定性を実現するように設計されたものを指す。
　電子決済手段等取引業者、電子決済等取扱業者、信用金庫電子決済等取
扱業者、および信用協同組合電子決済等取扱業者は、犯罪収益移転防止法

　　に定める特定事業者に該当し（犯罪収益移転防止法2条2項31の2号〜31
　　の5号）、取引時確認の実施が求められることとなる点にも注意が必要で
　　ある。
3）不適切である。暗号資産の売買や暗号資産の売買の媒介等を業として行う
　　ことが「暗号資産交換業」と定義されている（資金決済法2条15項各号）。
4）不適切である。「デジタル通貨」は、その性質・機能によって、資金決済
　　法上の暗号資産（同法2条14項）に該当する可能性もあれば、前払式支払
　　手段（同法3条1項）に該当する可能性もある。

正解　1）

3－19　暗号資産とデジタル通貨②

《問》暗号資産およびデジタル通貨に関する次の記述のうち、最も適切な
ものはどれか。
1）暗号資産は、資金決済法上の前払式支払手段に該当する。
2）不特定の者を相手方として暗号資産と相互に交換を行うことができ
る財産的価値であって、電子情報処理組織を用いて移転することが
できるものは、暗号資産に該当する。
3）暗号資産の売買を業として行うことは暗号資産交換業に該当する
が、暗号資産の売買の媒介のみを業として行うことは暗号資産交換
業に該当しない。
4）1円＝1デジタル通貨と完全に固定する（発行者が1円への交換債
務を負担する）仕組みとするデジタル通貨は、暗号資産に該当す
る。

・解説と解答・

1）不適切である（資金決済法2条14項）。資金決済法上の前払式支払手段
は、暗号資産とは異なる別個の決済手段と位置付けられる（同法3条1
項）。また、前払式支払手段は、通貨建資産に該当するため、暗号資産に
該当しない。
2）適切である（資金決済法2条14項2号）。「不特定の者を相手方として前号
に掲げるもの（暗号資産）と相互に交換を行うことができる財産的価値で
あって、電子情報処理組織を用いて移転することができるもの」は暗号資
産に該当する。
3）不適切である（資金決済法2条15項各号）。暗号資産の売買や暗号資産の
売買の媒介等を業として行うことが、暗号資産交換業と定義されている。
暗号資産の売買の媒介のみを行う場合であっても暗号資産交換業に該当す
る。
4）不適切である。1円＝1デジタル通貨と完全に固定する（発行者が1円へ
の交換債務を負担する）仕組みとする場合、そのデジタル通貨は通貨建資
産（資金決済法2条7項）に該当し、（通貨建資産ではない）暗号資産と
は異なるものと考えられる。

正解　2）

3-20　金融仲介的なサービス①

《問》金融仲介的なサービスに関する次の記述のうち、最も不適切なもの
はどれか。
1）電子決済等代行業には、更新型と参照型の2つの行為類型が存在す
る。
2）スクレイピング（預金者のインターネット・バンキングのログイン
ＩＤやパスワード等の認証情報を事業者が利用する方法）により、
銀行システムにアクセスし預金者の預金口座と連携を行うケース
も、法令上は電子決済等代行業と位置付けられることがある。
3）金融サービス提供法に基づく金融サービス仲介業者は、所属する金
融機関を定める必要があるものとされている。
4）金融サービス提供法に基づく金融サービス仲介業においては、利用
者財産を預かることが原則として禁止されている。

・解説と解答・

1）適切である（銀行法2条21項各号）。電子決済等代行業の創設により、
FinTechプレーヤーとして、銀行のシステムにアクセスして一定のサービ
スを提供する事業者の金融規制上の位置付けが明確にされた。更新型は、
預金者の委託を受けて、電子情報処理組織を使用する方法により、銀行に
対して、預金者による為替取引の内容の伝達を行うものである。参照型
は、預金者の委託を受けて、電子情報処理組織を使用する方法により、銀
行から口座に関する情報を取得し、この情報を預金者に提供するものであ
る。
2）適切である。
3）不適切である。金融サービス仲介業においては、所属金融機関制（特定の
金融機関に所属し、勧誘や説明に関して指導等を受ける制度）は採用され
ていない。なお、金融サービス仲介業は、業態ごとの縦割りだった既存の
銀行代理業その他の仲介ライセンスと異なり、1つの登録で銀行・証券・
保険すべての分野のサービスを仲介可能とする（ワンストップ提供に最適
化する）ことを目的として、金融サービス提供法（旧金融商品販売法）に
より新設されたライセンスである。
4）適切である。金融サービス仲介業においては、利用者財産を預かることの

禁止や保証金の供託義務などの所要の利用者保護規制が整備されている。

<u>正解　3）</u>

3-21　金融仲介的なサービス②

《問》金融仲介的なサービスに関する次の記述のうち、最も不適切なもの
はどれか。
1）電子決済等代行業には、事業者が利用者から金銭を預かって受取人
に送付するサービスも含まれる。
2）APIを利用して、預金者と銀行の間の送金サービスの指図を伝達す
るサービスを実施するケースは、法令上は電子決済等代行業に含ま
れる。
3）電子決済等代行業は、内閣総理大臣の登録を受けた者でなければ営
むことができない。
4）銀行等のために行う預金等の受入れを内容とする契約の締結の媒介
は、金融サービス提供法に基づく金融サービス仲介業に含まれる。

・解説と解答・

1）不適切である。電子決済等代行業は、送金サービスの情報を取り扱うにと
どまり、金銭を実際に預かって送付するサービスは含まれない。そのサー
ビスを遂行するためには、為替取引を遂行するための資金移動業のライセ
ンスが必要となる。
2）適切である。API（Application Programming Interface：他のシステムの
機能やデータを安全に利用するための接続方式）を利用して、預金者と銀
行との間の送金サービスの指図を伝達するサービスを実施するケースは、
法令上は電子決済等代行業と位置付けられる。金融ＤＸの検討において
は、利便性等からAPIによる仕組みが検討対象となることが多くなると思
われる。電子決済等代行業とは、次に掲げる行為のいずれかを行う営業を
いう（銀行法2条21項）。
・銀行に預金の口座を開設している預金者の委託を受けて、電子情報処理
組織を使用する方法により、当該口座に係る資金を移動させる為替取引
を行うことの当該銀行に対する指図の伝達を受け、これを当該銀行に対
して伝達すること。
・銀行に預金または定期積金等の口座を開設している預金者等の委託を受
けて、電子情報処理組織を使用する方法により、当該銀行から当該口座
に係る情報を取得し、これを当該預金者等に提供すること。

3）適切である。「電子決済等代行業は、内閣総理大臣の登録を受けた者でなければ、営むことができない」とされている（銀行法52条の61の2）。

4）適切である。金融サービス仲介業には、銀行等のために行う預金等の受入れを内容とする契約の締結の媒介も含まれる。また、これ以外にも、銀行等と顧客との間で行う資金の貸付または手形の割引を内容とする契約の締結の媒介、銀行等のために行う為替取引を内容とする契約の締結の媒介のいずれかを行う業務なども含まれる（金融サービス提供法11条2項）。

正解　1）

3－22　マネー・ローンダリング対策①

《問》金融ＤＸとマネー・ローンダリング対策に関する次の記述のうち、最も適切なものはどれか。

1 ）金融庁が定める「マネー・ローンダリング及びテロ資金供与対策に関するガイドライン」によると、金融機関等が新たな技術を活用して取引を行う場合には、取引を行った後に、当該取引に係る提携先、委託先、買収先等のリスク管理態勢の有効性も含めマネロン・テロ資金供与リスクを検証することが求められている。

2 ）犯罪収益移転防止法上、取引時確認の方法は、①ハイリスク取引の場合の厳格化された確認方法と、②通常の特定取引の場合の通常の確認方法の２種類に分かれている。

3 ）金融庁が定める「マネー・ローンダリング及びテロ資金供与対策に関するガイドライン」には、マネー・ローンダリング対策について、経営陣の関与は着眼点として示されていないが、技術的な手法は詳細に記載されている。

4 ）金融庁が定める「マネー・ローンダリング及びテロ資金供与対策に関するガイドライン」によると、金融機関等による疑わしい取引の検知・届出において、RPAの活用は推奨されているが、ブロックチェーンの活用は認められていない。

・解説と解答・

1 ）不適切である。金融庁が定める「マネー・ローンダリング及びテロ資金供与対策に関するガイドライン」によると、リスクの特定において、「新たな商品・サービスを取り扱う場合や、新たな技術を活用して行う取引その他の新たな態様による取引を行う場合には、当該商品・サービス等の提供前に、当該商品・サービスのリスクの検証、及びその提供に係る提携先、連携先、委託先、買収先等のリスク管理態勢の有効性も含めマネロン・テロ資金供与リスクを検証すること」が、金融機関等に求められている。「マネロン・テロ資金供与対策ガイドラインに関するよくあるご質問（ＦＡＱ）」には、「当該商品・サービス等の提供前に（中略）マネロン・テロ資金供与リスクを検証すること」について留意すべき事項として、他業態の事業者と提携して新たな商品・サービスを提供する場合、①当該他業態

の事業者の取引時確認の結果に依拠する場合には、当該他の事業者のマネ
ロン・テロ資金供与リスク管理態勢の有効性を確認すること、②提携先等
これらの実質的支配者を含む必要な関係者を確認し、反社会的勢力でない
か、あるいは制裁対象者でないかといったことを検証すること、③提携先
等がどのようなマネロン・テロ資金供与リスクに直面し、その提携等して
いる業務のリスクに対して、どのようなマネロン・テロ資金供与リスク管
理を行っているかを把握し、リスクに応じて継続的にモニタリングするこ
と、④新たな商品・サービス等の提供後に、当該商品・サービス等の内容
の変更等により、事前に分析・検証したものと異なるリスクを検知した場
合には、リスクの見直しを行った上で、見直し後のリスクを低減させるた
めの措置を講ずること、が必要と示されている。新たなサービス等におい
ては、当該④にも着眼した検討が必要となろう。

2）適切である（犯罪収益移転防止法4条1項、2項）。

3）不適切である。金融庁が定める「マネー・ローンダリング及びテロ資金供
　　与対策に関するガイドライン」によると、経営陣主導のもとでの管理態勢
　　の整備（その検証・見直しを含む）等により、マネー・ローンダリング対
　　策の高度化が求められている。

4）不適切である。金融庁が定める「マネー・ローンダリング及びテロ資金供
　　与対策に関するガイドライン」には、「マネロン・テロ資金供与対策にお
　　いては、取引時確認や疑わしい取引の検知・届出等の様々な局面で、ＡＩ
　　（人工知能）、ブロックチェーン、RPA（Robotic Process Automation）等の
　　新技術が導入され、実効性向上に活用されている。こうした新技術のマネ
　　ロン・テロ資金供与対策への活用は、今後も大きな進展が見込まれるとこ
　　ろであり、金融機関等においては、当該新技術の有効性を積極的に検討
　　し、他の金融機関等の動向や、新技術導入に係る課題の有無等も踏まえな
　　がら、マネロン・テロ資金供与対策の高度化や効率化の観点から、こうし
　　た新技術を活用する余地がないか、その有効性も含めて必要に応じ、検討
　　を行っていくことが期待される」と記載されている。

正解　2）

3－23　マネー・ローンダリング対策②

《問》金融ＤＸとマネー・ローンダリング対策に関する次の記述のうち、最も適切なものはどれか。

1）犯罪収益移転防止法における、マネー・ローンダリング対策を行うことを義務付けられる特定事業者に、資金移動業者は含まれるが、暗号資産交換業者は含まれない。

2）犯罪収益移転防止法は、一度取引時確認を行った顧客であっても、必ず特定取引ごとに取引時確認を実施することを義務付けている。

3）金融庁が定める「マネー・ローンダリング及びテロ資金供与対策に関するガイドライン」では、マネー・ローンダリング対策の徹底が重視されており、リスクの程度を踏まえた水準の対策を講じることは許容されていない。

4）金融庁が定める「マネー・ローンダリング及びテロ資金供与対策に関するガイドライン」では、営業・管理・監査の各部門等が担う役割・責任を、経営陣の責任のもとで明確にして、組織的に対応を進めることが重要であるとされている。

・解説と解答・

1）不適切である。資金決済法に規定する暗号資産交換業者、資金移動業者いずれも特定事業者である。銀行、信用金庫、信用組合などのほか、宅地建物取引業者や貴金属売買業者なども特定事業者となる（犯罪収益移転防止法2条2項各号）。

2）不適切である。通常の特定取引のうち、いわゆる「特別の注意を要する取引」にあたらないものを行う場合は、一度取引時確認を行った顧客であることの確認（いわゆる確認済みの確認）を行えば、取引時確認が不要となる（犯罪収益移転防止法4条3項）。

3）不適切である。金融庁が定める「マネー・ローンダリング及びテロ資金供与対策に関するガイドライン」において、「マネロン・テロ資金供与対策におけるリスクベース・アプローチとは、金融機関等が、自らのマネロン・テロ資金供与リスクを特定・評価し、これをリスク許容度の範囲内に実効的に低減するため、当該リスクに見合った対策を講ずることをいう」ものとされており、リスクに見合った対策を講じることが前提とされてい

る。「マネロン・テロ資金供与対策ガイドラインに関するよくあるご質問（ＦＡＱ）」には、具体的に「リスク許容度の範囲内」であることについて、次の記載がある。「自らが特定・評価したマネロン・テロ資金供与リスクが、当該金融機関等のリスク管理上許容できる範囲内に収まることを意味します。マネロン・テロ資金供与リスクが、当該金融機関等のリスク管理上許容できる範囲内に収まっていることについては、あらかじめ、リスク管理を含むマネロン・テロ資金供与対策に責任を有する経営陣により承認を受けた上で文書化されていることが求められるものと考えます」。

4）適切である。さらに、「こうした各部門等の役割・責任の明確化の観点からは、一つの方法として、各部門の担う役割等を、営業部門、コンプライアンス部門等の管理部門及び内部監査部門の機能として「三つの防衛線（three lines of defense）」の概念のもとで整理することが考えられる」ものとされている。

正解　4）

第4章

情報セキュリティ等

4－1　情報セキュリティの基本要素

《問》ＤＸを推進するにあたっての情報セキュリティの基本要素等に関す
　　る次の記述のうち、最も適切なものはどれか。
　1）ＤＸを推進するにあたっての情報セキュリティ対策は、ＤＸによっ
　　　てもたらされるサービスの利便性と個人情報漏えいリスクを比較衡
　　　量すると利便性よりも個人情報漏えいリスクのみを重視する必要が
　　　あることから、機密性の確保が最も優先順位が高い。
　2）ＤＸを推進するにあたっての情報セキュリティ対策は、機密性と完
　　　全性を確保することの優先順位が高くあるべきで、可用性を確保す
　　　ることの優先順位は低い。
　3）ＤＸを推進するにあたっての情報セキュリティ対策は、連携する
　　　サービスやサービス仕様も含めた視点でリスクアセスメントを行
　　　い、リスク・脅威・脆弱性を特定し、リスクに応じて適切なアクセ
　　　ス制御などを施し、機密性・完全性・可用性を確保する必要があ
　　　る。
　4）ＤＸを推進するにあたっての情報セキュリティ対策をどの程度やれ
　　　ばいいかわからないので、まずはシステム開発を行い、金融庁に指
　　　摘されてから指摘された項目のみ対応すればよい。

・解説と解答・

1）不適切である。ＤＸでもセキュリティの基本は変わらない。機密性のみに
　特化した情報セキュリティ対策は不十分である。情報セキュリティの３大
　要素である、機密性・完全性・可用性の３つの観点について適切に考慮し
　なければならない。機密性とは、情報へのアクセスを認められた者だけが
　情報にアクセスできる状態を確保することをいう。完全性とは、情報が改
　ざん、破壊または消去されていない状態を確保することをいう。可用性と
　は、情報へのアクセスが認められた者が、必要な時に中断することなく、
　情報や関連資産にアクセスできる状態を確保することをいう。ＤＸはビジ
　ネスを変革するものであり、関係する各部署が役割・責任を理解して考え
　る必要がある。
2）不適切である。機密性・完全性・可用性を考慮するのが情報セキュリティ
　の基本である。

3）適切である。

4）不適切である。金融庁の指摘のみを回避すればよいというものではない。

<u>正解　3）</u>

4-2　リスク・脅威・脆弱性

《問》米国国立標準技術研究所（NIST）が公表した「リスクアセスメントの実施の手引き」に記載されているリスク・脅威・脆弱性に関する次の記述のうち、最も不適切なものはどれか。

1）脅威とは、情報システムを介して、情報の正規の権限によらないアクセス、破壊、開示、変更、サービス妨害によって組織の業務と資産、個人、他の組織、国家に負の影響をもたらしうる状況・事象のことをいう。

2）脆弱性とは、脅威によって利用される可能性がある、情報システム、システムセキュリティ手順、内部統制、実装における弱点のことをいう。

3）リスクとは、発生しうる状況・事象によって組織などが脅かされる度合のことをいい、その状況・事象が発生した場合にもたらされる負の影響および発生する可能性をもとに、その度合を算出する。

4）リスクアセスメントとは、公的機関によってあらかじめ特定されているリスクを、過不足なく評価し、かつ優先順位を付けるプロセスのことをいう。

・解説と解答・

1）適切である。情報セキュリティにおいては、脅威によって被害を受けることを想定している。想定される脅威は多様であることから、その時々の社会の動向に合わせてどのような脅威があるかリスクアセスメントを通して把握しておく必要がある。なお、NIST（National Institute of Standards and Technology）は、科学技術分野における計測と標準に関する研究を行う米国商務省に属する政府機関である。

2）適切である。リスクアセスメントの考え方においては、脅威の主体は脆弱性を用いてリスクを発生させる。サイバーセキュリティにおいては、外的要因としての脅威と内的要因としての脆弱性を把握することが、リスクの特定において重要である。

3）適切である。リスクを考える際に、リスクが発現した場合の影響の大きさ（インパクト）と発生可能性（確率）を考慮する必要がある。

4）不適切である。公的機関によってあらかじめ特定されているリスクだけで

はない。リスクアセスメントでは、脅威と脆弱性に関する情報を慎重に分析し、発生しうる状況・事象が組織にもたらす負の影響および発生する可能性について判断する必要がある。

__正解　4）__

4-3　情報セキュリティに対する意識

《問》ある金融機関の情報セキュリティポリシーに関する次の記述のう
ち、最も適切なものはどれか。なお、当該金融機関の情報セキュリ
ティポリシーでは、パスワードについて次の3項目が規定されてい
るものとする。
・パスワードを第三者に教えてはならない
・第三者に推測されやすいパスワードを設定してはならない
・2段階認証や多要素認証を採用する
1）情報セキュリティポリシーは原則であり、パスワードを第三者に教
えることは許容される。
2）複数のパスワードを使うよりも、長く複雑な1つのパスワードを使
い回したほうが、効率がよく、セキュリティレベルも高い。
3）複雑なパスワードを設定するよりも、簡単なパスワードを定期的に
変更したほうが、セキュリティレベルは高くなる。
4）ある業務システムでは複数の従業員で1つのパスワードを共有しな
ければならない仕様となっているため、当該システムの修正が必要
である。

・解説と解答・

1）不適切である。情報セキュリティポリシーは、組織の状況に応じて作成さ
れたものであり、遵守すべきルールである。情報セキュリティポリシーか
ら逸脱した運用は避けるべきである。やむを得ず業務上必要と判断された
場合は、組織として定められた例外対応の手続きを経たうえで行う。
2）不適切である。パスワードが漏えいした場合、容易になりすましをされて
しまうおそれがあるため、パスワードの使い回しはすべきではない。
3）不適切である。かつてパスワードの定期的変更は安全性を向上させると考
えられていたが、定期的変更はパターン化した安易なパスワードを設定す
る原因となりかねないと考えるように常識が変わった。また、複雑なパス
ワードを設定することもパスワード総当たり攻撃（すべての文字などの組
合せを試す攻撃）や辞書攻撃（ログインパスワードなどによく使われる文
字列を集めて辞書化したものを使い、不正に他人のアカウントにログイン
できないかを試みる攻撃）などへの対応のためには重要である。

4）適切である。

正解　4）

4-4　不正な活動の目的

> 《問》サイバー空間での不正な活動とその活動目的に関する次の記述のうち、最も不適切なものはどれか。
> 1）情報を窃取する目的で、企業等のシステム、個人のパソコン・スマートフォンなどに侵入する攻撃が存在する。
> 2）DDoS攻撃によって攻撃対象の企業のWebサイトを利用できなくさせることができる。
> 3）ランサムウェアおよびクリプトジャッキングは、個人情報の窃取を目的とした攻撃である。
> 4）SNSなどに意図的に虚偽の情報を流すことで、人々の認知や意思決定、行動などに影響を及ぼす影響力工作が存在する。

・解説と解答・

1）適切である。攻撃者は、企業のシステムのみならず個人のパソコン・スマートフォンも攻撃対象としている。個人のパソコン・スマートフォンから得られた情報を企業システムへの攻撃に流用したり不正に金銭を取得したり（不正送金）するためでもある。

2）適切である。DDoS（Distributed Denial of Service：ディードス）攻撃によって政府機関や企業のWebサイトが閲覧しにくくなる事例は多々発生している。DDoS攻撃とは、Webサーバーなどに対して、複数のコンピューターから大量のサービス要求のパケットを送りつけることで、相手のサーバーやネットワークに過大な負荷をかけ、閲覧しにくくするサイバー攻撃のことをいう。

3）不適切である。ランサムウェア、クリプトジャッキング、不正送金などは、金銭を目的とした攻撃であると考えられている。ランサムウェアとは、コンピューターを利用不能にしたうえで、復旧の見返りに「身代金」を要求するマルウェアのことをいう。昨今では、「身代金を支払わない場合は企業の情報を公開するぞ」と脅迫するタイプのランサムウェアが主流である。また、最近ではランサムウェアの実行犯が政府と繋がっており、企業の情報を提供している可能性も指摘されている。クリプトジャッキングとは、暗号資産のマイニング（取引データの検証作業に必要なコンピューターの処理能力を提供して対価を得ること）を行うプログラムを、

他人のパソコンなどで勝手に実行させ、第三者が不正に金銭的利益を得る行為のことをいう。

4) 適切である。「フェイクニュース」などと言われることがある。誤った情報を流すことで読み手を誤解させる情報工作が存在する。外国勢力の干渉による情報騒乱に関する海外の報道では、「ディスインフォメーション（偽情報）」という言葉が用いられることもある。旧来のプロパガンダは新聞やラジオなどのメディアが使われたが、フェイクニュース、ディスインフォメーションは サイバー空間で繰り広げられている 。なお、SNS（Social Networking Service）は、インターネット上で社会的な関係を構築するサービスのことで、Facebook、Instagram、LINE、LinkedInなど国内外に多種多様なサービスが存在する。

正解　3）

4－5　サイバー攻撃の動向①

《問》公安調査庁が公表した「サイバー空間における脅威の概況2023」に
記載されているサイバー攻撃の動向に関する次の記述のうち、最も
不適切なものはどれか。
1）サイバー攻撃者には、ハクティビスト集団、金銭目的の犯罪者、愉
　　快犯、国家が関与・支援するサイバー攻撃集団など、多様な主体が
　　存在する。
2）外国国家による情報工作活動が、2019年の英国総選挙に影響を与え
　　た。
3）米国、英国などは、国家が関与しているサイバー攻撃として北朝鮮
　　およびイランをその主体として挙げている。
4）社会生活の維持に不可欠な重要インフラが様々なサイバー攻撃の標
　　的となっている。

・解説と解答・

1）適切である。サイバー攻撃主体はさまざまである。ハクティビスト集団と
　　は、社会的・政治的主張を目的としてサイバー攻撃を行う個人・組織など
　　のことをいう。
2）適切である。英国政府の発表によると、2019年の英国総選挙に際し、米英
　　自由貿易協定に関する政府の機密文書が違法に取得され、ソーシャルメ
　　ディア「Reddit」を通じてオンラインで拡散された。英国政府は、英国の
　　EU離脱が争点とされていた同選挙にロシアの主体が干渉しようとしたこ
　　とはほぼ間違いないと結論づけた。
3）不適切である。米国、英国などは、国家による不正なサイバー活動を抑止
　　するため、攻撃実行者と背後にいる国家などの機関を特定した上で、公に
　　当該国を名指しで非難する取組（パブリック・アトリビューション）を活
　　発に実施しており、中国、ロシア、北朝鮮の国家的関与を指摘している。
4）適切である。重要インフラはその機能が阻害された場合の影響の大きさか
　　ら、国家によるサイバー戦からテロ組織、金銭目的のサイバー犯罪者によ
　　るものまで、サイバー攻撃の被害を受けている。国外では、2021年2月、
　　米国フロリダ州の浄水場においてサイバー攻撃が発生したほか、同年9月
　　には、ニュージーランドの金融機関や郵便事業者を標的としたサイバー攻

撃により、一部Webサイトへの接続障害が発生した。また、同年5月には、米国石油製品パイプライン事業者に対するランサムウェア攻撃により、多大な影響が生じた。

<u>正解　3）</u>

4－6　サイバー攻撃の動向②

《問》防衛省が公表した「令和5年版 防衛白書」などに記載されている
サイバー攻撃の動向に関する次の記述のうち、最も適切なものはど
れか。
1）ロシア軍のサイバー攻撃によってウクライナの金融機関が被害を受
けたことがある。
2）中国のサイバー戦部隊は金銭を目的とした攻撃活動のみを行ってい
る。
3）ベンダーから納入されたばかりの製品には不正なプログラムが埋め
込まれていることはない。
4）北朝鮮によるサイバー攻撃は、金銭目的ではなく、敵対する国家か
らの情報取得目的であることに特徴がある。

・解説と解答・

1）適切である。2022年2月、米国、英国、豪州政府は、ウクライナ金融機関
に対するサイバー攻撃が、ロシア軍参謀本部情報総局によるものと指摘し
た。

2）不適切である。台湾国防部「国防報告書2021年11月」によると、中国はサ
イバー領域における安全保障上の脅威として、中国が平時において、情報
収集・情報窃取によりサイバー攻撃ポイントを把握し、有事では、国家の
基幹インフラおよび情報システムの破壊、社会の動揺、秩序の混乱をもた
らし、軍や政府の治安能力を破壊すると指摘している。

3）不適切である。意図的に不正改造されたプログラムが埋め込まれた製品が
企業から納入されるなどのサプライチェーンリスクや、産業制御システム
への攻撃を企図した高度なマルウェアの存在も指摘されている。この点へ
の対策として、米国議会は2018年8月、政府機関がファーウェイ社などの
中国の大手通信機器メーカーの製品を使用することを禁止する条項を盛り
込んだ国防授権法を成立させた。

4）不適切である。2021年4月に公表された「国連安全保障理事会北朝鮮制裁
委員会専門家パネル最終報告書」において、大量破壊兵器や弾道ミサイル
計画を支える利益を生み出すために金融機関や仮想通貨取引所に対する攻
撃が継続していると評価し、2019年から2020年11月までに計3億1,640万

ドル相当を窃取したとする分析を公表した。

正解　1）

4－7　サイバー攻撃の手法①

《問》独立行政法人情報処理推進機構（IPA）が公表した「情報セキュリ
ティ10大脅威2024」における、「フィッシングによる個人情報等の
詐取」に関する次の記述のうち、最も不適切なものはどれか。
1 ）攻撃者は、開封率が低いSMS（ショートメッセージサービス）の
利用を避け、開封率が高く発信者の身元が隠ぺいできるメールを利
用して、偽サイトへ誘導する。
2 ）攻撃者は、検索エンジンの検索結果等に表示される広告の仕組みを
悪用し、人気商品の大幅な値引き等をかたった広告を表示させ、偽
サイトに誘導する。
3 ）被害者は、偽サイトに入力した情報を第三者に売却されたり、金銭
的な被害を受けたりすることがある。
4 ）被害者は、二要素認証の情報（ワンタイムパスワード等）も詐取さ
れることがある。

・解説と解答・

　フィッシングとは、公的機関や金融機関、ショッピングサイト、宅配業者等
の有名企業を騙るメールやSMS（ショートメッセージサービス）を送信し、正
規のWebサイトを模倣したフィッシングサイト（偽のWebサイト）へ誘導する
ことで、認証情報やクレジットカード情報、個人情報を入力させ詐取する手口
である。事業者における対策として、昨今では送信ドメイン認証技術（DMARC
など）の導入が推奨されている。
1 ）不適切である。攻撃者は、メールや SMS 等を利用して不特定多数の宛先
にフィッシングメールを送信し、公的機関や有名企業等の正規のWebサ
イトを装ったフィッシングサイトへ誘導する。フィッシング対策協議会で
はフィッシング対策の心得として「フィッシング対策ガイドライン2023年
度版」や「利用者向けフィッシング詐欺対策ガイドライン2023年度版」を
公開している。
2 ）適切である。
3 ）適切である。
4 ）適切である。

正解　1 ）

4－8　サイバー攻撃の手法②

《問》標的型攻撃に関する次の記述のうち、最も不適切なものはどれか。
1) 攻撃者は、攻撃対象の企業や政府機関などの組織の情報を狙っており、攻撃を成功させるために、人間の心理的弱点をついたソーシャル・エンジニアリングという手法でもアプローチしてくる。
2) 攻撃の入口となる攻撃メールは、実際に業務で使われるメール文面が利用されたり、実際に取引している企業名がかたられたりすることがある。
3) 攻撃の入口となる攻撃メールは、通常の業務メールを装っていることから、攻撃を受ける側は高度なシステム的セキュリティ対策をしていれば、攻撃を防ぐことができる。
4) 攻撃の開始から、情報窃取などが行われるまでの間にはある程度の時間がかかることが一般的なため、早期に異変を察知し対応を開始できれば、被害の発生を防げる可能性が高まる。

・解説と解答・

1) 適切である。攻撃者はシステムの脆弱性（セキュリティホール）を利用するだけではなく、人間の心理的弱点を突いた「ソーシャル・エンジニアリング」と呼ばれる手法も駆使することから、標的型攻撃に対しては、システム的対策に加えて、すべての職員が攻撃を防ぐという意識を持つことも重要である。ソーシャル・エンジニアリングの手法を用いた事例として、誰もが信じやすい配送業者を装い荷物に関する情報の確認を求めるもの、企業の採用窓口に履歴書（実際はマルウェア）を送ってくるもの、旧知の友人を装ったものなどが確認されている。
2) 適切である。大手旅行会社が被害にあった標的型攻撃では、メール本文に取引先と実際に業務でやりとりしている文面が、差出人名に実在の人物が使用された。
3) 不適切である。大手電機会社が被害に遭った標的型攻撃では、ウイルス対策管理サーバーが攻撃を受けて、情報漏えいにつながった。システム的なセキュリティ対策をしているからといって、標的型攻撃を完全に防げるものではない。
4) 適切である。標的型攻撃そのものを完全に防ぐことは難しい。しかし、攻

撃を受けた企業や組織の職員が何かしらの異常に気づいた場合に、組織内のどの部門に連絡するかを周知しておくことなどの対策により、対応開始までの時間を短縮でき被害を防げる可能性が高まる。

正解　3）

4 − 9　脆弱性対策①

《問》サイバー攻撃の被害につながるソフトウェアやハードウェアの脆弱
　　性に関する次の記述のうち、最も不適切なものはどれか。
1 ）ある金融機関が自社Webサイトの運用を外部委託していたとして
　　も、当該金融機関自身が脆弱性情報を把握し対応を検討する必要が
　　ある。
2 ）個人利用のスマートフォンであっても、メーカーからソフトウェア
　　脆弱性が公表された際は、当該個人は手動でソフトウェアなどの
　　アップデートをしなければならない場合がある。
3 ）業務で利用しているシステムに関する脆弱性が公表された場合、脆
　　弱性に関する詳細情報を把握し、迅速に対応する必要がある。
4 ）脆弱性の公表と同時に修正プログラムの配信が始まるので、対象と
　　なるソフトウェアを利用する企業は速やかに当該修正プログラムを
　　アップデートしなければならない。

・解説と解答・

1 ）適切である。金融庁が2020年に公表した「金融分野のサイバーセキュリ
　ティレポート」によると、システム運用を担っている外部委託先が、脆弱
　性情報の把握と対策の実施まで速やかに行っているとは限らないため、委
　託元である金融機関自身が運用を外部委託しているWebサイトの脆弱性
　情報を把握し委託先に求める対応を検討する必要がある。

2 ）適切である。脆弱性に対して修正プログラムが自動アップデートされる機
　器が増えているが、ユーザーが手動でアップデートしなければならない機
　器もある。

3 ）適切である。業務用システムで利用されるソフトウェアやハードウェア
　は、企業が手動でアップデートする必要があるものが多い。脆弱性の内容
　によっては、公表から24時間以内に対処しなければ侵入を許してしまうこ
　ともあることから、企業は脆弱性情報を集めておかなければ、対応が手遅
　れになることもある。脆弱性情報は日々公開されるため、日次ベースでの
　効率的な収集体制の構築が必要である。2023年に公表された脆弱性は 2 万
　8 千件以上（米国国立標準技術研究所（NIST）調べ）に達したが、この
　中から自社に関係するものを抜き出し、影響度と対応を検討する必要があ

る。脆弱性情報の収集はアウトソースできるが、収集された情報に基づい
て対応の要否を決定するのは自社である。

4）不適切である。必ずしも脆弱性公表と同時に修正プログラムを入手できる
とは限らない。修正プログラムが未開発の場合、脆弱性の内容と自社への
影響次第では、システムやサービスの利用を停止することも選択肢として
考えなければならない。

<u>正解　4）</u>

4−10　脆弱性対策②

> 《問》ある企業において、新たに資金移動サービスのシステム開発担当となった社員Xが留意すべき点に関する次の記述のうち、最も適切なものはどれか。
>
> 1）ユーザーにとっての利便性を高めるため、ユーザー認証はIDとパスワードだけで行うこととする。
> 2）事前に十分なセキュリティ対策をしておけば、自社サービスにおいて問題が発生した場合の対応態勢を整備しておく必要はない。
> 3）脆弱性はシステムだけに存在するわけではないため、業務プロセスにおいても不正を行う余地がないかどうか、セキュリティレビューが必要である。
> 4）セキュリティ要件を明確に提示してベンダーにシステム開発を委託することにより、脆弱性診断の実施を回避できる。

・解説と解答・

1）不適切である。特に金銭が関わるサービスでは、IDとパスワードだけの認証では不十分とされており、金融庁が2020年に公表した「資金移動業者の決済サービスを通じた不正出金への対応について」では、資金移動業者が多要素認証の導入などをしていない場合などは脆弱性があると考えられる、と指摘している。昨今ではパスワードレス認証が注目されている。

2）不適切である。十分なセキュリティ対策をしたと考えていても、新たな脆弱性が発生したり、攻撃者によって隙をつかれたりすることはありうるため、それを検知し、影響を最小限に止めるために当該機能を停止したり、調査や組織的な対応を迅速に行うことができるような仕組みや対応手順を整備しておく必要がある。

3）適切である。脆弱性はハードウェアやソフトウェアにも発生するが、業務プロセスに潜んでいることもある。例えば、2020年に発生した資金移動業者の決済サービスを通じた不正出金においては、アカウント開設時の本人確認プロセスが不十分だったことが問題となった。

4）不適切である。セキュリティ要件を提示して開発したとしても、完成したシステムに脆弱性が含まれる可能性は排除できない。脆弱性診断をすることで、問題点が見つかることが多い。　　　　　　　　　　　正解　3）

4－11 セキュリティ要件

《問》非機能要件とは、システム開発で検討が必要な機能要件（システム
に搭載する、業務プロセス順序やその仕様）以外の要件すべてのこ
とをいい、セキュリティ要件は非機能要件に分類される。要件定義
時におけるセキュリティ要件の位置付けに関する次の記述のうち、
最も不適切なものはどれか。

1）セキュリティ要件は、技術に詳しい情報システム部門のみで定義す
る必要がある。

2）利用部門の関心は機能要件に偏りがちであり、要件定義において非
機能要件に割かれる割合が少ないことが往々にしてみられる。

3）非機能要件が要件定義後の設計工程から検討された場合、予算やイ
ンフラが決まった中で後手に回り苦労するという悪循環になること
もある。

4）経営層も非機能要求の検討を上流工程から進めることの必要性を認
識し、開発管理体制を整備する責任を負う必要がある。

・解説と解答・

1）不適切である。「ユーザーのための要件定義ガイド　第2版」（独立行政法
人情報処理推進機構（IPA））によると、「非機能要求は、重要なビジネス
要求、利用者要求として捉え、経営層や企画部門、利用部門などが上流工
程から検討を進めないといけなくなっている」。

2）適切である。

3）適切である。

4）適切である。

正解　1）

4 −12　クラウドのリスク①

《問》ある企業の営業部門の中堅社員Xは、クラウドを活用した顧客情報管理の仕組み構築のため、システム部とのミーティングに参加するよう、営業部長から指示を受けた。当該ミーティングにおいて、システム部から、クラウド活用におけるサイバーセキュリティ上の懸念があることから、早い段階でシステム部に相談があったことに対して謝意が示された。クラウドサービス導入におけるセキュリティ上の注意点に関する次の記述のうち、最も不適切なものはどれか。

1）クラウドサービスが社内システムから独立しているものであっても、導入するサービスの種類・重要度により、必要であれば、システム部を介して当該サービスを導入する必要がある。

2）クラウドサービスの種類により、カスタマイズの自由度や、利用者とクラウドサービス提供者の責任範囲が大きく変わる。

3）クラウドサービスのセキュリティ確保は、当該サービス提供者の責任であり、利用者におけるセキュリティのチェックは不要である。

4）SaaSの多くは利便性が高く設定も簡単なサービスが多いが、導入の際、利用者がその機能を熟知しておく必要がある。

・解説と解答・

1）適切である。クラウドサービス上で取り扱われる情報であっても、最終的には当該サービスの利用者が管理責任を負う。クラウドサービスにおいても、自社開発のITシステム同様、自社のIT・情報セキュリティ管理規程に則った管理が必要となる。クラウドサービス導入に関する自社ポリシーを定め、ポリシーに従ったクラウドサービス導入を行うとともに、導入するサービスの種類・重要度により、必要であればシステム部門を通じたサービスの導入が必要となる。

2）適切である。クラウドサービスにはSaaS（Software as a Service）、PaaS（Platform as a Service）、IaaS（Infrastructure as a Service）などの形態があり、それぞれのサービス提供者とサービス利用者との間の責任範囲は大きく異なる。サービス契約前に、対象サービスの管理に関する責任の範囲を明確にし、自社の責任範囲への対応方針を明らかにして自社のクラウド利用ポリシーに組み込むなどの対策をしておく必要がある。また、クラ

ウドサービスにおいて障害が発生した場合、クラウドサービスプロバイ
ダーからは十分な技術情報が提供されなかったり、事案への対処が自社の
思うように進まなかったりすることもある。

3）不適切である。クラウドサービス上で取り扱われる情報であっても、サー
ビス利用者が管理責任を負う。自社の情報セキュリティポリシーに従った
管理が、クラウドサービス提供者において、行われるよう確認する必要が
ある。

4）適切である。クラウドサービスの利用者の不十分な理解が原因で発生した
サイバーインシデントは多数発生している。クラウドサービス利用の際
は、利用者がその機能について熟知しておく必要がある。なお、SaaS、
PaaS、IaaSなどのうち、どの形態がセキュリティに優れているといった
優劣は基本的にない。利用者は、信頼のおけるサービスプロバイダーを選
定したうえで、自ら管理しなければならない項目をしっかり理解し、設
定・運用する責任がある。

正解　3）

4−13　クラウドのリスク②

《問》ある企業でDX推進担当を務める社員Xは、自社にクラウドサービスを安全に導入するためのリサーチをしたところ、Webブラウザを介して何らかの完成された機能を提供するSaaS、アプリケーションを迅速に構築するために利用できる基盤をクラウド事業者が提供するPaaS、仮想サーバーのハードウェアを従量課金制で利用できるIaaSといった分類があることを知った。SaaS、PaaS、IaaSの各クラウドサービスモデルにおける、情報セキュリティに係るユーザー企業の責任に関する次の記述のうち、最も適切なものはどれか。
1）ユーザー企業側において、直接設定・管理しなければいけない責任範囲が一番大きいのは SaaSである。
2）ユーザー企業側において、直接設定・管理しなければいけない責任範囲が一番大きいのは PaaSである。
3）ユーザー企業側において、直接設定・管理しなければいけない責任範囲が一番大きいのは IaaSである。
4）SaaS、PaaS、IaaSいずれのクラウドサービスであっても、ユーザー企業側において、直接設定・管理しなければいけない責任範囲は変わらない。

・解説と解答・

1）不適切である。SaaS（Software as a Service）では、提供されるサービスの仕組みの管理までがクラウドサービスプロバイダーの責任において管理され、ユーザー企業側で直接管理する必要があるのは、クラウドサービス上で取り扱われるデータの管理のみとなっており、SaaS、PaaS、IaaSの中では直接管理する責任範囲が最も小さい。
2）不適切である。PaaS（Platform as a Service）では、アプリケーションの構築に利用できるシステムの部品の実装までがクラウドサービスプロバイダーの責任において管理され、ユーザー企業側で直接管理する責任があるのは、部品をどのように設定し、組み合わせてサービスを作るのかというアプリケーションの実装と、アプリケーション上で取り扱われるデータの管理となっており、SaaSより直接管理しなければいけない責任範囲が大

きく、IaaSよりは直接管理する責任範囲が小さい。

3）適切である。IaaS（Infrastructure as a Service）では、クラウドサービスプロバイダーが提供するのは、仮想のハードウェアやネットワークの機能にとどまり、ユーザー企業側で直接設定・管理しなければいけない責任範囲が最も大きい。

4）不適切である。SaaS、PaaS、IaaSそれぞれにおいて、ユーザー企業およびクラウドサービスプロバイダーの管理責任範囲は異なる。

<u>正解　3）</u>

4 −14　情報資産管理の必要性①

《問》情報資産管理に関する次の記述のうち、最も適切なものはどれか。
1) 情報資産管理とは、情報資産の保管方法のみを定めることである。
2) どのような情報資産があるか洗い出して重要度を判断することが、詳細なリスク分析の最初の手順となる。
3) 情報資産管理台帳に登録すべき情報は、社内サーバーに保管された情報だけが対象となる。
4) 情報資産管理台帳に登録すべき情報は、機密性が高い重要情報だけが対象となる。

・解説と解答・

1) 不適切である。情報資産管理とは、情報資産の生成、利用、持ち出し方法、バックアップ、破棄などのルールを定めることをいう。
2) 適切である。
3) 不適切である。情報資産管理台帳は、洗い出した情報資産を管理するための方法の1つであり、社内サーバーに保管された情報だけが対象ではない。外部委託先、クラウドサービス、スマートフォン、タブレットなどに保存されていると、その存在に気づかないことがあるので注意が必要である。
4) 不適切である。情報資産を洗い出し、重要度を特定し、それに応じた管理策を講じることを継続的に実施する必要がある。情報資産の重要度の認識は利用部門によって異なることがあり、時間経過に伴って変化することもある。台帳にはすべての情報を掲載する必要がある。

<u>正解　2)</u>

4-15　情報資産管理の必要性②

《問》情報システムが複雑になると、想定外のリスクを見落とし、対策が不十分になることがある。資産の重要性・脅威・脆弱性の評価指標のもとでリスクを評価して対策を検討する「詳細リスク分析」の方法や手順に関する次の記述のうち、最も不適切なものはどれか。
1）社内外にどのような情報資産があるか洗い出して重要度を判断する。
2）優先的・重点的に対策が必要な情報資産を把握するために、リスク値を算出する。
3）リスクの大きな情報資産に対して、必要とされる対策を決める。
4）リスクの大きな情報資産に対して、想定されるリスクをゼロにする対策のみを決定する。

・解説と解答・

1）適切である。独立行政法人情報処理推進機構（IPA）が2023年12月に公表した「中小企業の情報セキュリティ対策ガイドライン（第3.1版）」（以下、「ガイドライン」という）では、「普段パソコンで見ているこのデータは、どこに保存されているのだろうか」と意識して、社内のIT機器や利用しているクラウドサービスまで網羅的に洗い出す必要があると指摘している。
2）適切である。リスク値の算出にはさまざまな方法があるが、ガイドラインでは、リスク値＝重要度×被害発生可能性から算出する方法を紹介している。
3）適切である。ガイドラインでは、リスク値の大きいものから対策を検討し、自社に適した対策を決定すべきだ、としている。なお、情報セキュリティ対策は、以下のように区分して検討する。
・リスク低減（自社で実行できる情報セキュリティ対策を導入ないし強化することで、脆弱性を改善し、事故が起こる可能性を下げる）
・リスク保有（事故が発生しても受容できる、あるいは対策にかかる費用が損害額を上回る場合などは対策を講じず、現状を維持する）
・リスク回避（仕事のやり方を変える、情報システムの利用方法を変えるなどして、想定されるリスクそのものをなくす。例えば、データ利用後

に当該データを消去する）
・リスク移転（リスク値が大きく自社の対策だけでは不十分であったり、多額の費用がかかって対策が実施できなかったりする場合、自社よりも有効な対策を行っている、あるいは補償能力がある他社のサービスを利用することで自社の負担を下げる）

4）不適切である。情報資産の価値が存在する限りリスクそのものは存在する（リスクをゼロにすることはできない）ため、自社の情報資産保護に適切なリスク対策を行う必要がある。

正解　4）

4－16　セキュリティリスク管理・評価①

《問》デジタル技術を活用し、顧客サービスのビジネスプロセス効率化と
顧客接点強化を図るプロジェクトの責任者Xは、サイバーセキュリ
ティリスク管理を適切に行いながら当該プロジェクトを進めたいと
考えている。当該プロジェクトの進め方に関する次の記述のうち、
最も適切なものはどれか。

1）セキュリティリスクの評価はシステム開発のテスト工程で行い、脆
弱性がある場合は直ちに改修して再テストを行えるよう、セキュリ
ティ管理部門はテスト工程の直前の段階から参画する。

2）セキュリティリスクの評価にはセキュリティ技術の専門性が必要で
あるため、サービス仕様書ができた段階で、セキュリティ担当者の
みに点検してもらい、指摘があった事項について対応する。

3）どのようなリスクが存在するのかを把握し、把握したリスクのすべ
てをゼロにすることは難しいため、リスク顕在時の対応体制も明確
にする。

4）提携ビジネスパートナーのセキュリティリスクについては、当該
パートナー自身がしっかり対策を講じる必要がある。当該パート
ナーに対しては、システム開発の設計・テスト工程でセキュリティ
対策を講じているか否かを確認する。

・解説と解答・

1）不適切である。セキュリティ・バイ・デザインの観点で、製品・サービス
の企画・設計段階からサイバーセキュリティ対策を考慮することができる
体制を構築する必要がある。なお、セキュリティ・バイ・デザインとは、
製品の企画や設計の段階からセキュリティ対策を組み込むことで、サイ
バーセキュリティを確保しておく考え方である。

2）不適切である。脆弱性には、そのサービスの特性と仕様に起因するもの、
デジタル技術に起因するもの、その両者に起因するものがある。企業がデ
ジタル技術を活用した製品やサービスを展開する際、それらの企画・設
計・開発・運用の各段階で必要なセキュリティ対策を検討・実施すること
が求められるが、そのためには、事業部門を中心としたさまざまな部門の
連携が必要であり、リスクコミュニケーションやリスクアセスメントを行

う体制づくりが重要となる。

3）適切である。リスクを把握することができても、すべてのリスクをゼロにすることはできないため、不測の事態が発生した場合の対応態勢を事前に整備することが重要である。

4）不適切である。企業がデジタル技術を活用した製品やサービスを展開する際、それらの企画・設計・開発・運用の各段階で必要なセキュリティ対策を講じる必要がある。業務委託先のみならず、取引先、利用サービス、提携ビジネスパートナー等のサプライチェーンを含めた組織と業務も観点に加え、全社的なセキュリティ管理体制を構築する必要がある。また、システム開発の設計・テスト工程でセキュリティ対策を講じているか否かを確認するだけではなく、関係する組織が連携して、リスク全体を洗い出して評価を行い、必要な対策を検討・実施する必要があり、運用後も定期的に対策実施状況を確認する態勢を整備する必要がある。

<u>正解　3）</u>

4－17　セキュリティリスク管理・評価②

《問》デジタル技術を活用し顧客サービスのビジネスプロセスを効率化するとともに、顧客接点を強化することを目的としたプロジェクトの責任者Xは、サイバー攻撃対策として、セキュリティに関するリスク評価を行おうと考えている。リスク評価の進め方に関する次の記述のうち、最も不適切なものはどれか。

1）このプロジェクトはサービスのビジネスプロセスの効率化が目的だが、リスク評価の結果、高リスクとなったものについては効率化を優先すべきかどうか、個別に対応を判断する必要がある。

2）このサービスには、どのような重要度と被害発生可能性の評価に加えて、どのような脅威と脆弱性が存在するかを把握する必要がある。

3）リスクが顕在化する可能性と発生時の影響度を把握し、実施すべき対策・その優先度を明確にする必要がある。

4）リスク評価はサービス開始前に一度行えば十分であり、プロジェクトの進行中やサービス開始後に大きな変更があった際に再評価する必要はない。

・解説と解答・

1）適切である。リスク評価においてはリスクレベルごとに対応を判断するべきであり、一律に効率化を優先するべきではない。

2）適切である。重要度と被害発生可能性を評価し、脅威と脆弱性を把握する。このためには、普段から脅威動向を把握し、変化する攻撃手口を理解しておくことが重要である。

3）適切である。リスクを適切にコントロールすることが重要である。対策はリスク低減策（被害の発生確率や被害規模を小さくする対策）、リスク保有策（受容できるリスクに対し、現状を維持する対策）、リスク回避策（被害が発生する可能性を除去する対策）、リスク移転策（リスクを保険会社等に移す対策）で考える。

4）不適切である。プロジェクトの状況や外部環境の変化に対する考慮に伴って、リスク評価の結果も更新するべきである。

正解　4）

4 -18　3つの防衛線①

《問》サイバーセキュリティ対策は、コーポレートガバナンスの一部であるという考えから、企業全体での対応・管理の実効性を高めるために、各部門の役割・責任を定める際の「3つの防衛線」という考え方がある。「3つの防衛線」に関する次の記述のうち、最も適切なものはどれか。

1) ファーストラインディフェンス（第1線による防衛）には、サイバーセキュリティ対策の技術的対策を担う情報システム部門のみが該当し、当該部門は適切な安全管理措置を担う。

2) セカンドラインディフェンス（第2線による防衛）には、情報セキュリティ管理部門、リスク管理部門、コンプライアンス部門などが該当し、当該部門はステークホルダー（利害関係者）からの独立性が要求される。

3) サードラインディフェンス（第3線による防衛）には、内部監査部門が該当するが、監査報告や提言の実効性を高めるために、役員の兼任または取締役会の一部機能となることが望ましい。

4) 3つの防衛線を担う各部門の権限や人材確保については、経営陣の主導ではなく、各部門固有の課題として取り組む必要がある。

・解説と解答・

1) 不適切である。情報システム部門のみならず、各システムを利用する業務部門も該当する。サイバーセキュリティ対策が、情報システムに対する攻撃への防御であるという観点からいえば、情報システム部門が技術的な対策を実施するとともに、自社が保有する情報資産に対する攻撃が実施されていないかというシステム監視（モニタリング）を実施する必要がある。加えて、情報システム部門のみならず各システムを利用する業務部門が一体となって適切な安全管理措置を実施することが必要である。これをファーストラインディフェンスと呼ぶ。

2) 適切である。サイバーセキュリティに関するリスク管理に関して、対応方針の策定、対応の指示、リスクの状況の監視（モニタリング）や、対応支援をする役割を担う部門が、ステークホルダー（利害関係者）から独立した形で必要になることがある。セカンドラインディフェンスは、サイバー

セキュリティを含む情報セキュリティ管理部門、リスク管理部門、コンプライアンス部門などが該当する。

3) 不適切である。内部監査部門は、原則としてどの部門や役員からも独立し、監査した結果を監査役や取締役会に直接報告できるような態勢を構築する必要がる。

4) 不適切である。3つの防衛線を担う各部門が重要な機能を十分に果たすためには、経営陣が主導して、各部門の役職員に十分な権限や地位を付与するとともに、その独立性を担保することや、十分な人材を質および量の両面において確保することが必要となる。

<u>正解　2）</u>

4-19　3つの防衛線②

《問》金融機関におけるＤＸを推進するにあたっての、サイバーセキュリ
ティ対策における各部門の役割に関する次の記述のうち、「3つの
防衛線」の観点から、最も不適切なものはどれか。
1) サイバーセキュリティは、ＩＴの問題だけではなく、組織・プロセ
スの要素も多く含まれるため、営業店等もファーストラインとして
の役割を担う。
2) セカンドラインは、サイバーセキュリティ管理の態勢整備を「コス
ト」として捉え、要員等のリソース投入を削減することが求められ
る。
3) 内部監査部門は、サードラインとして、ファーストライン、セカン
ドラインの業務を評価し、その適切性を保証するほか、必要な助言
を提供する必要がある。
4) オペレーションを統括する部門は、ファーストラインとして、シス
テム・サービスが停止した場合のBCP・コンティンジェンシープラ
ンを外部委託先が攻撃を受けたリスクシナリオも含めて検討する必
要がある。

・解説と解答・

1) 適切である。サイバーセキュリティはＩＴの問題だけではなく、組織・プ
ロセスの要素も多く含まれている。例えば、標的型メール訓練を実施して
いても、メールの添付ファイルをうっかり開いてしまう可能性があるし、
使用している端末がおかしな動きをしていることに気づく可能性もある。
営業店の職員は、標的型メール攻撃という手口を知っていること、怪しい
添付ファイルを開封し、プログラムを実行してしまった時にとるべき行動
を理解していることが重要である。内部ネットワークにアクセスする業務
端末とは別に、インターネットにアクセスする端末を用意することで、マ
ルウェア感染による重要情報の漏えいリスク低減を図っている企業もある
が、例えば、インターネットにアクセスできる端末に顧客情報が保存され
ていたらどうなるか、想定すべきである。ルールや規定を単に守るだけで
なく、その目的をしっかり理解したうえで遵守することが重要である。
2) 不適切である。サイバーセキュリティ管理の態勢整備には、コスト・要員

等のリソースを一定程度投入する必要がある。セキュリティ投資は、サイバーリスクの特定とサイバー攻撃に対する防御・検知・対応といった組織的対応能力の向上が目的だが、デジタライゼーションが進展し、ＩＴの活用が企業戦略上の優劣を大きく左右する状況では、セキュリティの確保は必須である。新たに投入した商品やサービスのセキュリティ対策が十分でなく、サイバー攻撃を受けて被害が発生した場合、大きなダメージを受けることになる。サイバー攻撃がすべての企業にとって大きなリスクとなるなか、セキュリティ対策を「コスト」と捉えるのではなく、事業活動の継続・成長に必須なもの、つまり「投資」と考え、リソースを確保することが重要である。

3）適切である。

4）適切である。営業部門、内部事務、資産運用、広報等の各オペレーションを統括する部門は、サイバー攻撃が発生し、システム・サービスが停止した場合のBCP・コンティンジェンシープランを、外部委託先を含めたサードパーティーが攻撃を受けたリスクシナリオも含めて考えておく必要がある。サイバー攻撃の内容・被害状況によっては、長期間、業務やシステムが停止することも考えられる。想定するリスクシナリオに基づき、必要となる対策を用意する必要がある。また、その対策の実効性を、サイバー攻撃に関する演習などによって、定期的に検証する必要がある。

正解　2）

4 −20　インシデント対応①

《問》ある企業のシステム部門が自社保有システムに対するサイバー攻撃を検知した。この場合に組織としてとるべき行動に関する次の記述のうち、最も適切なものはどれか。なお、本事案において、システム部門が実施した簡易調査では、外部から顧客情報にアクセスされた痕跡が見つかったほか、被害の全容や影響範囲は判明しておらず、組織内にインシデント対応経験のある要員はいないものとする。

1 ）社内の混乱を防ぐため、事実が明らかになるまでシステム部門単独で調査を行い、経営層および他部門への情報連携を行わないこととする。
2 ）インシデント対応において、さまざまなステークホルダーに対する説明や情報共有が必要となることから、現状について全社員に情報開示する。
3 ）インシデント対応には専門的な知見が必要であり、外部機関に相談および支援を依頼する。
4 ）顧客への影響は直ちには発生しないと判断し、原因・被害がすべて明らかになるまで顧客への連絡を一切行わないこととする。

・解説と解答・

1 ）不適切である。既に被害が確認されている状況であり、顧客への影響が発生したり、被害が拡大したりすることを防ぐためにサービスを直ちに停止する必要があるため、組織的な対応が必要不可欠であり、適切なタイミングで社内外の関係者に報告・通知する必要がある。
2 ）不適切である。情報の不適切な拡散を防ぐため、情報の取扱いを制限する必要がある。さまざまなステークホルダーに対する説明や情報共有が必要になるため、対外窓口担当部署を事前に決定したうえで、必ず対外窓口担当から回答するように徹底する必要がある。
3 ）適切である。特に初動対応において、インシデント（セキュリティ上の問題として捉えられる事象）への対応をどの程度行うかを迅速かつ的確に判断するには、さまざまな経験と専門性が要求される。インシデント対応は組織の一部門が単独で行うのではなく、組織内外の関係者と協力し、事態

の早期収拾に努める必要がある。組織内に適切な人材がいないケースでは、早期に外部の知見に頼るといった判断も必要である。

4）不適切である。自社が攻撃を受け、顧客への被害が発生または想定される場合には、顧客に対して迅速かつ的確な情報提供を行う必要がある。また顧客対応を行ううえでは、営業部門等の他部門と緊密に連携することが重要である。

正解　3）

4 −21　インシデント対応②

《問》ある顧客から自社Webサイトにアクセスできない旨の苦情を受けた直後に組織としてとるべき行動に関する次の記述のうち、最も適切なものはどれか。なお、顧客サポート部門では他の顧客から苦情や問い合わせは受けていないものとする。

1) 被害拡大を防ぐため、自社のWebサイトを停止する。
2) インシデントが発生しているか判断するため、自社Webサイトにアクセスできるか確認する。
3) 全社員に対して不審なメールを開封しないよう注意喚起する。
4) 監督当局に対して速やかに報告を行う。

・解説と解答・

1) 不適切である。この段階では、被害拡大防止の具体的な取組みを行う前に、事実の正確な把握が必要である。

2) 適切である。米国国立標準技術研究所（NIST）が公表しているインシデント（セキュリティ上の問題として捉えられる事象）対応ガイドライン「SP800-61」によると、サイバーインシデント発生時の対応を、①準備、②検知と分析、③封じ込め、④根絶、⑤復旧、⑥事件後の対応（教訓）、の6段階に分類している。②の検知と分析フェーズでは、インシデントの兆候を識別し、評価することが重要である。発見された兆候が必ずしもインシデントの発生につながるわけではない。したがって、実際にインシデントが発生しているかを判断するためには、苦情内容の事実確認が必要である。例えば、自社Webサイトへのアクセスが可能かどうかを確認することがこれに該当する。

3) 不適切である。この段階では、Webサイトにアクセスできないという事実の確認や原因の特定ができていないため、誤った指示により社内に混乱をきたす可能性がある。

4) 不適切である。この段階では、インシデント発生の判断が行われていないため、対外的な報告よりもまずは事実の正確な把握を優先するべき段階である。

正解　2)

4-22　サプライチェーンのリスク①

《問》A銀行の事務部門の管理職Xが、個人情報取扱業務の委託先である
　　B社の担当者Yからメールを受信した場合に関する次の記述のう
　　ち、最も適切なものはどれか。なお、受信メールの特徴および受信
　　後にXがとった行動は次の通りとする。

【受信メールの特徴】
・送信元メールアドレスは業務委託先B社の担当者Y。
・業務に関するメールで、自分が送付したメールへの返信。
・メールの本文には、添付ファイルを確認してほしいという内容の
　記載あり。
・パスワード付きZipファイルが添付されており、別メールでパス
　ワードを受領。

【受信後にXがとった行動】
・Xが受信メールの記載に従って、添付ファイルを開封したとこ
　ろ、ウイルス検知の警告が表示された。
・A銀行内のセキュリティ担当が調査をしたところ、受信メールは
　B社から送付されたもので、Yのメールが第三者に乗っ取られて
　いるか、Yのパソコンがウイルス感染しているのではないか、と
　判断された。

1）短期的対応：B社担当者Yに連絡を取り、ウイルスがなぜ送付され
てきたのかの調査と、預託している個人情報の漏えい等の影響がな
いかの確認を指示。
　長期的対応：B社のサイバーセキュリティ態勢の評価を行い、態勢
が不十分な場合には、追加の対応として委託先のサイバーセキュリ
ティ対策の強化や委託先の変更を指示。

2）短期的対応：B社に嫌疑をかけて万が一ウイルスメールが間違いで
あった場合、関係が悪化してしまうため、何事もなかったかのよう
に振る舞う。
　長期的対応：特に何もしない。

3）短期的対応：B社担当者Yに連絡を取り、ウイルスがなぜ送付され
てきたのかの調査を指示。
　長期的対応：本件はB社内の問題と考え、対応をB社に任せる。

4）短期的対応：B社担当者Yには発生した事象を連絡し、今後メール
　　を送付してこないように指示。
　　長期的対応：B社からのメールは自社に届かないよう受信ブロック
　　をA銀行システム部に依頼。

・解説と解答・

1）適切である。本事例は、独立行政法人情報処理推進機構（IPA）が公表し
　ている「Emotet攻撃の手口」の例に基づいている。本件はA銀行の業務
　委託先B社で発生したウイルス感染を起因にして、A銀行に対するウイル
　ス感染拡大を目的とするものである。検討すべきリスクとして、B社はす
　でにサイバー攻撃の被害を受けており、A銀行から預託している情報が漏
　えいしている可能性が挙げられる。預託している顧客情報を保護するた
　め、B社のサイバー攻撃被害状況の把握と対処が最優先である。万が一、
　情報漏えいが確認できた場合は、A銀行から漏えい対象顧客に対しての個
　別説明や、状況に応じ記者会見などを通じての説明が必要となる。また、
　A銀行も当該事象をきっかけにウイルスに感染してしまった場合、A銀行
　から別の取引先や委託先に対してウイルスを拡大させる可能性もある（A
　銀行が加害者となる可能性もある）。システムや業務を外部に委託した
　り、外部サービスを使用したりするときは、委託先・サービス事業者のシ
　ステム構成や、攻撃を受けた時の自社への影響の把握、委託先の対策内
　容、攻撃を受けた場合の連絡体制を確認するといったサプライチェーンを
　通じたサイバーセキュリティ態勢の確保が必要である。

2）不適切である。委託先のサイバー攻撃被害は委託元である自社のリスクと
　捉え、適切な対処が必要である。対応策が不明な場合には、自社の情報セ
　キュリティ部署に相談のうえ、委託先へウイルス感染の被害状況、自社か
　らの預託情報の安全を確認することが必要である。

3）不適切である。A銀行は、B社に対して預託情報の影響調査を行い、継続
　して業務を委託する場合にはサイバーセキュリティ対策の強化を指示する
　必要がある。

4）不適切である。A銀行は、B社に対して預託情報の影響調査を行い、今後
　も継続して業務を委託する場合にはサイバーセキュリティ対策の強化を指
　示する必要がある。

正解　1）

4-23　サプライチェーンのリスク②

《問》A銀行の海外拠点のIT環境を経由したサイバー攻撃で、本社システムから情報漏えいが発生した事案について、海外拠点を管理する部署の管理職Xが、本件漏えいが発生する前に実施すべきだった行動に関する次の記述のうち、最も適切なものはどれか。なお、海外拠点と本社はネットワークで接続されており、一部制限はあるもののファイルの共有などができる環境にあったほか、海外拠点のIT環境の管理・運用は各拠点に任されていたものとする。

1) 海外拠点のサイバーセキュリティ対策状況の評価を行い、態勢が不十分な場合には追加対応（対策に適した製品の導入・体制の強化）を指示し、追加のリソース（人・コスト）が必要な場合には、経営に対して対策の必要性を説明し、海外拠点を含めたグループのサイバーセキュリティ体制整備を進める。

2) 海外拠点と本社のネットワーク接続はリスクが高いことから廃止し、両者間の情報の授受はメールで行うよう指示する。

3) 海外拠点のサイバーセキュリティ対策の強化のため、海外拠点従業員へのセキュリティ教育を指示する。

4) 海外拠点のIT環境の管理・運用を、別の委託先に変更するよう指示する。

・解説と解答・

1) 適切である。設問の事例は実際に発生した事象である。海外拠点は本社に比べ管理が不十分なケースや、セキュリティ態勢が十分整っていないケースがあり、サイバー犯罪者はそのような企業の弱い部分を見つけて攻撃を行う。海外拠点を含めた自社グループのサイバーセキュリティ態勢の整備は非常に重要なテーマであることから、海外拠点を管理する管理職Xとしては、選択肢のような網羅的な課題の把握と態勢の整備が必要となる。

2) 不適切である。海外拠点と本社とのネットワーク接続を廃止することは、海外拠点のネットワークを経由した本社へのサイバー攻撃を防ぐことには有効だが、海外拠点へのサイバー攻撃は防ぐことはできない。海外拠点のセキュリティ対策強化も併せて実施する必要がある。

3) 不適切である。従業員へのセキュリティ教育は重要テーマだが、それだけ

では態勢整備がなされているとはいえない。

4）不適切である。海外拠点が抱えている現状の課題を把握しないまま、委託先だけ変更しても改善効果は不明であり、悪化するおそれすらある。管理職Ｘは、現状抱えている課題を把握し、改善計画を立案のうえ、態勢整備をすることが求められる。

<u>**正解**</u>　1）

4 −24　事業継続への備え①

《問》世間では、新たに開発されたサービスがサイバー攻撃を受けて被害
が発生していることから、ＤＸ推進部門の責任者Ｘは、サイバー攻
撃を受けた場合の事業継続計画（BCP）を策定するよう会社から
指示を受けている。事業継続計画に関する次の記述のうち、最も適
切なものはどれか。

1) サイバー攻撃への備えとして防御と検知の対策が適切に講じられて
いれば、事業継続計画については特段考慮する必要はない。

2) システム停止の原因にはシステム障害やサイバー攻撃等があるが、
システムが停止する点では同じであるため、システム障害を想定し
た事業継続計画があれば問題ない。

3) サイバー攻撃を受けた場合の対応は、サイバーセキュリティに関す
る技術が重要であることから、この場合の事業継続計画やコンティ
ンジェンシープラン（緊急時対応計画）の策定、それらの発動の意
思決定の体制はＩＴ部門を中心に構築するほうが効率的で実効性の
高い対応ができる。

4) サイバー攻撃を受けると、システム停止による各種業務への影響が
発生し、事業継続計画の発動判断が必要となる場合があるため、平
時から事業継続計画やコンティンジェンシープランの有効性を確認
したり、関係者の理解や対応力を高めるための教育・訓練や演習を
行うことが重要である。

・解説と解答・

1) 不適切である。サイバー攻撃によるリスクをゼロにすることはできない。
サイバー攻撃により業務停止に至る場合があるため、それを想定した事業
継続計画の整備は重要である。

2) 不適切である。サイバー攻撃を受けた場合の対応は、システム障害のとき
とは全く異なる。サイバー攻撃による影響は、「被害拡大防止のためのシ
ステム停止を要する」、「被害の全容や原因を特定・把握するまでに時間が
かかる」、「ランサムウェアによりシステム・データが広範に破壊されて影
響範囲が広い、復旧に長時間要する、あるいは、最新状態への復旧は困難
となることがある」、「システム再開には、攻撃を受けた原因を特定して、

必要な再発防止対策を講じること、他に潜在するリスクがないことを確認
しなければならないことから、停止が長期間に及ぶおそれがある」など、
システム障害とは異なる特性があるため、ビジネスインパクトのほか、復
旧の計画と手順、代替の機能・プロセス等のコンティンジェンシープラン
は異なる。影響範囲が想定より大きい、重要な業務が適切な時間内に復旧
できない等、企業経営に重大な影響を与えるおそれがあるため、事業継続
計画とコンティンジェンシープランは整合性をとりながら策定する必要が
ある。

3）不適切である。サイバー攻撃を受けた場合の対応は、組織全体の事業継続
計画の中に位置づけ、判断基準・体制・対応手順を明確化しておくことが
重要である。

4）適切である。

正解 4）

4−25　事業継続への備え②

《問》サイバー攻撃を受けた場合のコンティンジェンシープラン（緊急時
　　対応計画）を策定する際の留意事項に関する次の記述のうち、最も
　　不適切なものはどれか。
 1）リスク評価により残存リスクを特定し、そのリスクが発現した場合
　　の影響を分析したうえで、緊急時対応要件、復旧目標、復旧の優先
　　順位を明確にする。
 2）攻撃を受けたシステムの復旧計画やその手順、システム停止時の代
　　替機能やプロセスの整備を行うほか、各組織等の役割、責任を明確
　　にし、連絡先体制も整備する。これらの教育・演習や訓練も必要で
　　ある。
 3）外部サービスを使用する場合は、自組織と外部サービスプロバイ
　　ダーのコンティンジェンシープランとの整合性をとる。
 4）システム復旧手順や停止時の対応が対象となるため、システム開発
　　のテスト工程から検討を開始する。

・解説と解答・

 1）適切である。リスク管理の考え方に基づいて残存リスクを特定する必要が
　　ある。そのリスクが顕在化した場合のビジネスインパクトを分析したうえ
　　で、コンティンジェンシープランの要件を明確にする。その際は、業務継
　　続計画と整合性をとりながら、復旧目標、復旧の優先順位を明確にする。
 2）適切である。システムが侵害された場合の復旧に向けた計画・手順を策定
　　し、必要な事前準備を行う必要がある。重要な業務の場合は、代替の機能
　　やプロセスの整備も重要である。策定した計画・手順が有効であるかの確
　　認と、関係者の理解や対応力を高めるための教育、演習や訓練も必要であ
　　る。
 3）適切である。自社のシステムや業務プロセスに外部サービスを活用する場
　　合、自社で策定したコンティンジェンシープランと外部サービスプロバイ
　　ダーのコンティンジェンシープランとの整合性がとれていないと、緊急時
　　のコミュニケーションが円滑にとれなかったり、設定した復旧目標を達成
　　できなかったりするなどの問題が発生するおそれがある。
 4）不適切である。コンティンジェンシープランの内容によっては、関連する

システムを含め、要件定義・設計に影響する。コンティンジェンシープランは、システム開発ライフサイクルのすべてのフェーズを通して考えるべき問題である。

<u>正解　4）</u>

第 5 章

顧客の価値向上に資するＤＸ推進

5－1　Society5.0①

《問》Society5.0に関する次の記述のうち、最も不適切なものはどれか。
1）Society5.0は、第5期科学技術基本計画において日本が目指すべき未来社会の姿として提唱されたものである。
2）Society5.0は、世界に先駆けて「超スマート社会」を実現することである。
3）Society5.0を実現するためには、サービスや事業の差別化が必要である。
4）Society5.0を実現する基盤技術として、サイバーセキュリティ、IoT、ビッグデータ解析、ＡＩ、デバイス技術などが必要である。

・解説と解答・

1）適切である。Society5.0とは、サイバー空間（仮想空間）とフィジカル空間（現実空間）が高度に融合した「超スマート社会」を未来の姿として共有し、その実現に向けた一連の取組みのことをいう。第5期科学技術基本計画によると、超スマート社会とは、「必要なもの・サービスを、必要な人に、必要な時に、必要なだけ提供し、社会の様々なニーズにきめ細かに対応でき、あらゆる人が質の高いサービスを受けられ、年齢、性別、地域、言語といった様々な違いを乗り越え、活き活きと快適に暮らすことのできる社会」のことである。第6期科学技術・イノベーション基本計画には、「（Society5.0の）コンセプトは、ICTの浸透が人々の生活をあらゆる面でより良い方向に変化させる、ＤＸにより導かれる未来像と一致するもの」と記載されており、ＤＸはビジネスのSociety5.0対応と位置付けることができる。なお、科学技術基本計画（現科学技術・イノベーション基本計画）は、科学技術基本法（現科学技術・イノベーション基本法）に基づき政府が策定する、10年先を見通した5年間の科学技術の振興に関する総合的な計画である。第5期は2016〜2020年度の5年間であり、第6期（2021〜2025年度）では「第5期基本計画で掲げたSociety5.0を具体化していくことが必要である」としている。

2）適切である。

3）不適切である。Society5.0を実現するためには、サービスや事業のシステム化が必要である。第5期科学技術基本計画には、「従来は個別に機能し

ていた「もの」がサイバー空間を利活用して「システム化」され、さらに
は、分野の異なる個別のシステム同士が連携協調することにより、自律
化・自動化の範囲が広がり、社会の至るところで新たな価値が生み出され
ていく」との記載がある。

4）適切である。

正解　3）

5－2　Society5.0②

《問》Society5.0に関する次の記述のうち、最も不適切なものはどれか。
1) Society5.0で実現する社会とは、「人工知能（ＡＩ）により、必要な情報が必要な時に提供されるようになり、ロボットや自動走行車などの技術で、少子高齢化、地方の過疎化、貧富の格差などの課題が克服される」というものである。
2) 政府が策定した第5期科学技術基本計画において、狩猟社会をSociety1.0、農耕社会をSociety2.0、工業社会をSociety3.0、情報社会をSociety4.0と定義している。
3) 政府が策定した第5期科学技術基本計画において提起したSociety5.0のコンセプトとは、「サイバー空間とフィジカル空間の融合という新たな手法に経済中心という価値観を基軸に据える」ものである。
4) 政府が策定した第5期科学技術基本計画において、ドイツの「インダストリー4.0」、米国の「先進製造パートナーシップ」、中国の「中国製造2025」など諸外国の動向について、「ものづくり分野でICTを最大限に活用し、第4次産業革命とも言うべき変化を先導していく」取組みと表現している。

・解説と解答・

1) 適切である（内閣府ホームページ）。
2) 適切である（内閣府ホームページ）。
3) 不適切である。Society5.0のコンセプトとは、「サイバー空間とフィジカル空間の融合という新たな手法に人間中心という価値観を基軸に据える」ものである。
4) 適切である。

正解　3)

5－3　Society5.0③

> 《問》Society5.0に関する次の記述のうち、最も適切なものはどれか。
> 1）Society5.0におけるサービスは、サービス利用者の視点に立ったサービス設計が重要となる。
> 2）Society5.0において、ITは、ビジネスをサポートする補助的な位置付けとなる。
> 3）Society5.0において、データは、他社との差別化を図るため独占・寡占を目指すべきものである。
> 4）Society5.0において、ITの調達・運営は、他社との差別化を図るため自ら構築し運営すべきものである。

・解説と解答・

1）適切である。
2）不適切である。Society5.0において、ITは、ビジネスそのものとなる。
3）不適切である。Society5.0において、データは、適正に流通させ共有すべきものである。
4）不適切である。Society5.0において、ITの調達・運営は、外部調達を含め最適なものを組み合わせて調達・運営すべきものである。

<u>正解　1）</u>

《図表》Society5.0への移行に伴う経営資源の変化

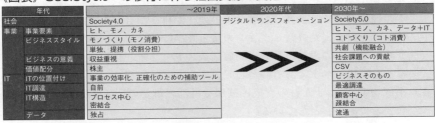

年代			～2019年	2020年代	2030年～
社会			Society4.0	デジタルトランスフォーメーション	Society5.0
事業	事業要素		ヒト、モノ、カネ		ヒト、モノ、カネ、データ＋IT
	ビジネススタイル		モノづくり（モノ消費）		コトづくり（コト消費）
			単独、提携（役割分担）		共創（機能融合）
	ビジネスの意義		収益重視		社会課題への貢献
	価値配分		株主		CSV
IT	ITの位置付け		事業の効率化、正確化のための補助ツール		ビジネスそのもの
	IT調達		自前		最適調達
	IT構造		プロセス中心		顧客中心
			密結合		疎結合
	データ		独占		流通

出典：一般社団法人金融財政事情研究会通信教育講座「金融DXがよくわかる講座」

5－4　デジタルガバナンス・コード

《問》経済産業省の「デジタルガバナンス・コード2.0」に関する次の記
述のうち、最も適切なものはどれか。
1）デジタルガバナンス・コードは、経営者に求められる企業価値向上
に向けて実践すべきことをとりまとめたものである。
2）DX（デジタル・トランスフォーメーション）は、SX（サステナ
ビリティ・トランスフォーメーション）やGX（グリーン・トラン
スフォーメーション）と一体的に取り組むことを避けるべきである
としている。
3）「デジタル技術による社会及び競争環境の変化の影響を踏まえた経
営ビジョンやビジネスモデルの公表」は他者の追随を促すことにな
るため避けるべきであるとしている。
4）DXの推進にあたっては、「内部人材の育成が唯一の重要な要素で
ある」としている。

・解説と解答・

1）適切である。デジタルガバナンス・コードは、ビジネスを抜本的に変革す
るDXによって持続的な企業価値向上を図っていくための実践書であり、
１．ビジョン・ビジネスモデル、２．戦略（２－１．組織づくり・人材・
企業文化に関する方策、２－２．ITシステム・デジタル技術活用環境の
整備に関する方策）、３．成果と重要な成果指標、４．ガバナンスシステ
ムから構成される。
2）不適切である。「SXやGXを効果的かつ迅速に推進していくためにDX
と一体的に取り組んでいくことが望まれる」としている。
3）不適切である。「企業は、ビジネスとITシステムを一体的に捉え、デジ
タル技術による社会及び競争環境の変化が自社にもたらす影響（リスク・
機会）を踏まえた経営ビジョンの策定及び経営ビジョンの実現に向けたビ
ジネスモデルの設計を行い、価値創造ストーリーとしてステークホルダー
に示していくべきである」としている。
4）不適切である。「人材の育成・確保や外部組織との関係構築・協業も重要
な要素である」としている。

正解　1）

5－5　中堅・中小企業等向け「デジタルガバナンス・コード」実践の手引き

《問》経済産業省の「中堅・中小企業等向け「デジタルガバナンス・コード」実践の手引き2.1」に関する次の記述のうち、最も不適切なものはどれか。

1）ＤＸとは、データやデジタル技術を使い、顧客視点で新たな価値を創出していくことである。

2）ＤＸが進まないパターンの例として、デジタル技術やツールを導入することが目的となってしまっているケースを紹介している。

3）ＤＸ推進における経営者の役割として、「パーパス（会社の理念・存在意義）の明確化」「経営ビジョン（中長期的な視点での会社のあるべき姿）を描く」「理想と現状のギャップ解消のための課題整理」「ＤＸ実現に向けた経営の仕組みの構築」を挙げている。

4）中堅・中小企業等におけるＤＸの成功のポイントとして、まずは組織全体の変革に着手し、その中で知見を得ながら、個々の業務プロセスやビジネスモデルの見直しなどに取組みを縮小していくことを挙げている。

・解説と解答・

1）適切である。データやデジタル技術を使って顧客目線で新たな価値を創出するという真のＤＸを実現するためには、ビジネスモデルや企業文化等の変革に取り組むことが重要となるとしている。

2）適切である。よくあるＤＸが進まないパターンとして「ＡＩを使って何かできないか」としてデジタル技術から取組みを開始するパターンやＤＸを実現するための経営としての仕組み（組織・人材）を整えずトップダウンで号令をかける事例が紹介されている。

3）適切である。ＤＸは目的ではなく手段であり、ＤＸを実現するためには経営者は選択肢の役割を果たすことが重要であるとしている。

4）不適切である。ＤＸに取り組む企業の事例をみると、個別業務等のデジタル化や、既存データないし公表データの活用などの身近で小さな取組みを契機とし、その試行錯誤の中で知見を得ながら、業務プロセス全体やビジネスモデルの見直しに向けた戦略の修正等を行い、組織全体の変革へと取

組みを拡大していく等、徐々にステップアップしていくやり方が多いようである。

正解　4）

5－6　ＤＸの参考となる資料

《問》ＤＸに関連する各種文書に関する次の記述のうち、最も不適切なものはどれか。
1）経済産業省は2022年9月、これまでの「デジタルガバナンス・コード」と「ＤＸ推進ガイドライン」を統合し、「デジタルガバナンス・コード2.0」として公表した。
2）経済産業省は2019年7月、ＤＸに関する自社の現状やあるべき姿とのギャップを経営者や社内の関係者が認識するためのツールとして、「「ＤＸ推進指標」とそのガイダンス」を公表した。
3）経済産業省は2023年3月、デジタル社会において事業リスク低減のためにはサイバーセキュリティが不可欠として、「サイバーセキュリティ経営ガイドラインVer3.0」を公表した。
4）経済産業省は2019年4月、Society4.0におけるサイバーセキュリティ対策のフレームワークを「サイバー・フィジカル・セキュリティ対策フレームワーク」として公表した。

・解説と解答・

1）適切である。
2）適切である。なお、「「ＤＸ推進指標」とそのガイダンス」は、2023年12月にクレジットが経済産業省から独立行政法人情報処理推進機構（IPA）に変更され、以降はIPAにより改訂が行われている。
3）適切である。「サイバーセキュリティ経営ガイドラインVer3.0」は、サイバー攻撃から企業を守る観点で、「経営者が認識すべき3原則」および「サイバーセキュリティ経営の重要10項目」をまとめている。
〈経営者が認識すべき3原則〉
(1) 経営者は、サイバーセキュリティリスクが自社のリスクマネジメントにおける重要課題であることを認識し、自らのリーダーシップのもとで対策を進めることが必要
(2) サイバーセキュリティ確保に関する責務を全うするには、自社のみならず、国内外の拠点、ビジネスパートナーや委託先等、サプライチェーン全体にわたるサイバーセキュリティ対策への目配りが必要
(3) 平時および緊急時のいずれにおいても、効果的なサイバーセキュリ

　　ティ対策を実施するためには、関係者との積極的なコミュニケーショ
　　ンが必要
〈サイバーセキュリティ経営の重要10項目〉
　指示1：サイバーセキュリティリスクの認識、組織全体での対応方針の策
　　　　定
　指示2：サイバーセキュリティリスク管理体制の構築
　指示3：サイバーセキュリティ対策のための資源（予算、人材等）確保
　指示4：サイバーセキュリティリスクの把握とリスク対応に関する計画の
　　　　策定
　指示5：サイバーセキュリティリスクに効果的に対応する仕組みの構築
　指示6：PDCAサイクルによるサイバーセキュリティ対策の継続的改善
　指示7：インシデント発生時の緊急対応体制の整備
　指示8：インシデントによる被害に備えた事業継続・復旧体制の整備
　指示9：ビジネスパートナーや委託先等を含めたサプライチェーン全体の
　　　　状況把握および対策
　指示10：サイバーセキュリティに関する情報の収集、共有および開示の促
　　　　進
4）不適切である。「サイバー・フィジカル・セキュリティ対策フレームワー
　ク」においては、Society4.0ではなくSociety5.0におけるサイバーセキュリ
　ティ対策のフレームワークが公表された。同フレームワークは、サイバー
　空間とフィジカル空間の融合に取り組む事業者に求められるセキュリティ
　対策の全体像を示したものである。

正解　4）

5－7　プラットフォーマーの特性

《問》DX推進で検討すべきデジタル・プラットフォーマーの経済的特性に関する次の記述のうち、最も適切なものはどれか。
1）フリーミアムとは、基本機能は無料とし、高度（便利）な機能は有料とする仕組みのビジネスモデルのことをいう。
2）評価システムの内在とは、プラットフォーマーにとってのユーザーの価値を判断する機能があることをいう。
3）ネットワーク効果とは、インターネットを活用することで発生する効果のことをいう。
4）全方位性とは、インターネットを通じて世界中の個人や企業を顧客にすることをいう。

・解説と解答・

1）適切である。
2）不適切である。評価システムの内在とは、大量の選択肢から利用者に適した選択肢を提供することをいう。例えば、有力プラットフォーマーが提供するサービスは、蓄積した顧客データ・取引データを分析した結果をもとに、サービス利用者の嗜好に合ったサービスのリコメンド（おすすめ）機能を内在している。
3）不適切である。ネットワーク効果とは、利用者が増えるほど製品やサービスの価値が高まることを指し、正の直接ネットワーク効果および正の間接ネットワーク効果に大別される。正の直接ネットワーク効果とは、「一方の利用者が増えると同じ側の利用者の効用が高まること」をいう。例えば、「友人が使っているサービスだから、自分も使う」といったように、利用者拡大によって、利用者のつながった先にもサービスが普及する状況である。正の間接ネットワーク効果とは、「市場が両面市場または多面市場となっている場合、一方の側の利用者が増えると、他方の側の利用者の効用が高まること」である。例えば、「検索サービスの利用者が増えれば、利用者データが蓄積され、広告主にとって精度の高い広告を出稿できる」といったように、1つのサービスを起点に他のサービスの魅力度も向上する状況である。
4）不適切である。全方位性とは、プラットフォーム上またはプラットフォー

ム間で開発コストの共通負担や利用者への共同提供を通じ、複数のサービスを補完的に提供することにより「範囲の経済」を享受することである。より多くのサービスを提供することで利用者をつなぎとめることが、より多くのデータの収集を可能とし、結果的にプラットフォームのサービスを洗練することができるとともに、他の市場に容易・効果的に参入することが可能となる。

<u>正解　1)</u>

《図表》デジタル・プラットフォーマーの経済的特性

評価システム	・大量の選択肢から利用者に適合した選択肢の提供
スイッチングコスト	・継続利用効果：アカウントのプロフィール設定やコンテンツの投稿、友人とのコミュニティ形成といった利用者の投資を必要とするソーシャルメディアのようなプラットフォームは、他のオンラインプラットフォームへと移行するコストを引き上げ、価格や質が低下したとしても、サービスを移行することを困難にする。
両面（多面）市場	・データの多面的活用 検索サービスの場合：検索者→検索結果 　　　　　　　　　　　広告主→検索者の嗜好等の傾向提供
フリーミアム	基本的な機能を無料とし、高度（便利）な機能は有料とする (例)マシンを無料配布し、マシンを使うための消耗品は有料とする
ネットワーク効果	正の直接ネットワーク効果 ・一方の側の利用者の数が増えるに従い、同じ側の利用者の効用が高まる。 正の間接ネットワーク効果 ・市場が両面市場または多面市場となっているとき、一方の側の利用者の数が増えるに従い、他方の側の利用者の効用が高まる。 ・双方の側の利用者の拡大による双方の側の効用増による好循環が生まれうる。 ・サービスの需要には、一方の側に加え、他方の側も含めた価格の構造が影響する。
内部相互補助	・1つの事業体が複数の製品やサービスを供給しているときに、ある製品やサービスで発生した損失を、他の製品やサービスから得た利益で補填すること
全方位性	・プラットフォーム上で、または複数のプラットフォームを

	またがった開発コストの共通負担や利用者への共同提供を通じ、複数のサービスを補完的に提供する効果があり、「範囲の経済」を享受することができる。 ・より多くのサービスを提供し利用者をつなぎとめることで、より多くのデータの収集を可能とし、これによりプラットフォームのサービスをより洗練することができるとともに、他の市場により容易・効果的に参入することが可能となる。
破壊的イノベーション	・予測不可能かつ不規則な形で、劇的に市場を変革し、新しい市場をつくり出す。さらに、既存事業の縮小や退出を伴う。
大規模化不要の拡大	・物理的なモノの市場と比較して、市場が迅速かつ低費用で拡大する可能性がある。 ・ハードウェアやソフトウェア開発の固定費用の回収後は、データの「生成・保存・複製・伝送等」にかかるコストは著しく低く、サービス提供にかかる限界費用が極端に小さいという費用構造により、投資や従業員の新規雇用を行わずとも数百万ひいては数十億の追加的な利用者へと拡大が可能である。
利用者データの生成・利用	・他のビジネスと比べると、利用者データの豊富さや膨大な量、洗練された利用方法において際立っている。
勝者総（大半）取り	・ネットワーク効果や規模の経済、範囲の経済により、市場が勝者総（大半）取りの傾向をもつようになり、物理的なモノの市場では到底達成し得ない成長を可能とする。
潜在的なグローバル拡張性	・インターネットのエンドツーエンドの相互運用性から、サービスを世界中に提供可能であり、データ生成等のコストが著しく低いという特性から、増大する需要に迅速かつ効率的に応えることが可能である。
合算効果	・上記の特性の多くはオンラインプラットフォーム独特のものではないが、これらの組合せが各特性を大きなものとし、爆発的な成長へとつながる。

出典：総務省「令和元年版 情報通信白書」をもとに作成

5-8 DX推進指標①

《問》独立行政法人情報処理推進機構の「「DX推進指標」とそのガイダンス」に関する次の記述のうち、最も適切なものはどれか。
1) DX推進指標は、経営者や社内のDX関係部門が現状や課題に対する認識を共有するためのものである。
2) DX推進指標は、客観的な指標とするためにコンサルティング会社など外部リソースの活用を前提としている。
3) DX推進指標による評価の実施は、DXプロジェクトの開始時に1回行うことが推奨されている。
4) DX推進指標による評価の対象は、事業のビジネスモデルそのものである。

・解説と解答・

1) 適切である。経営を含め、事業部門、DX部門、IT部門が現状や課題に対する認識を共有し、アクションにつなげるものである。

　なお、独立行政法人情報処理推進機構（IPA）は2020年12月、中小規模の製造業におけるDX取り組みを解説した「中小規模製造業者の製造分野におけるデジタルトランスフォーメーション（DX）推進のためのガイド」を公表した。これからDXに取り組む企業に向け、その必要性や進め方をまとめている。

2) 不適切である。自己診断が基本である。

3) 不適切である。アクションの達成度合いを継続的に評価することにより、DXを推進する取組みの経年変化を把握し、自社のDXの取組みの進捗を管理すべきである。一度診断を行っただけでは、持続的なDXの実行にはつながらない。

4) 不適切である。DX推進指標は、ビジネスモデルそのものを評価するものではなく、DXについて企業の変化への対応力を可視化するものである。

正解　1)

《図表》「ＤＸ推進指標」の構成

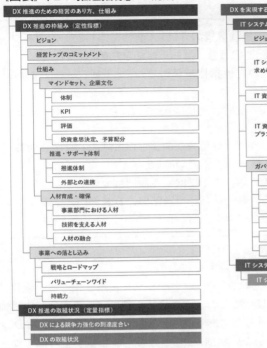

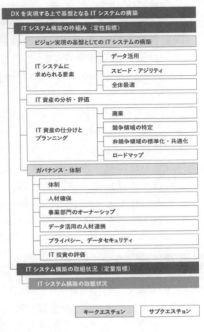

出典：独立行政法人情報処理推進機構（IPA）「「ＤＸ推進指標」とそのガイダンス」

5－9　ＤＸ推進指標②

《問》独立行政法人情報処理推進機構の「「ＤＸ推進指標」とそのガイダンス」に関する次の記述のうち、最も不適切なものはどれか。
1）「ＤＸ推進の枠組み」の定性指標項目の1つに、「ビジョン」がある。
2）「ＤＸ推進の枠組み」の定性指標項目の1つに、「マインドセット、企業文化」がある。
3）ＤＸ推進指標の設問のうち、経営者が関係部門と議論しながら回答する設問を「キークエスチョン」という。
4）ＤＸ推進指標の設問のうち、ＩＴに関する設問についても、ＩＴ部門に任せるのではなく、経営幹部、事業部門、ＤＸ部門、ＩＴ部門等と議論しながら回答すべきである。

●解説と解答●

1）適切である。「ビジョン」とは、「データとデジタル技術を使って、変化に迅速に対応しつつ、顧客視点でどのような価値を創出するのか、社内外で共有できているか」を問うことである。「「ＤＸ推進指標」とそのガイダンス」は、ビジョンの共有がない状態を、「どのような価値を生み出すか、Whatが語られておらず、ともすると、「ＡＩを使ってやれ」の号令で、Howから入ってしまっている」と表現している。

2）適切である。「マインドセット、企業文化」とは、「挑戦を促し失敗から学ぶプロセスをスピーディーに実行し、継続できる仕組みが構築できているか」を問うことである。

3）不適切である。経営者が関係部門と議論しながら回答する設問を「サブクエスチョン」という。「キークエスチョン」は経営者が自ら回答することが望ましい設問である。ＤＸ推進指標には、定性指標である「ＤＸ推進の枠組み」と「ＩＴシステム構築の枠組み」、定量指標である「ＤＸ推進の取組状況」と「ＩＴシステム構築の取組状況」がある。定性指標は、キークエスチョンとサブクエスチョンに回答しながら、ＤＸ推進の成熟度を6段階（レベル0「未着手」～レベル5「グローバル市場におけるデジタル企業」）で評価するものである。

4）適切である。

正解　3）

5－10　ＤＸ推進指標③

《問》独立行政法人情報処理推進機構の「「ＤＸ推進指標」とそのガイダンス」におけるＤＸ推進の枠組み（定性指標）に関する次の記述のうち、最も適切なものはどれか。
1）ＤＸ人材の育成は長い時間をかけて行うべきものであり、従来のOJTを中心とした研修体系を維持するべきである。
2）ＤＸ人材育成制度は今後の企業競争力の源泉となるものなので、対外公表すべきではない。
3）ＤＸ人材の評価は既存の人事評価制度のもとで行うべきである。
4）外部人材獲得システムの構築はＤＸ人材の獲得に有効な手段である。

・解説と解答・

1）不適切である。OJTでは習得できない知識の習得や短期間での技術習得が必要となり、従来型のOJTは適さない。「「ＤＸ推進指標」とそのガイダンス」には、次の記述がある。「ＤＸを実行する上での根本的な問題はソーシング（人）であり、社内のソーシングだけではなく、社外のソーシングも考えていく必要がある。自社のケイパビリティ（企業が持つ強み）だけでできることは限られており、足りないスキルは外部との連携で補うことで、各々が付加価値を得るエコシステムの構築につなげていくことが重要である」。
2）不適切である。外部人材獲得のためにも積極的に公表すべきである。
3）不適切である。ＤＸ人事評価制度を別途策定するのも１つの方法である。また、ＤＸの取組みは必ずしも結果がすぐに出ないため、当該取組みに参画している人材が評価されなくなるおそれもある点に留意が必要である。
4）適切である。

<u>正解　4）</u>

5-11 DX推進指標④

《問》独立行政法人情報処理推進機構の「「DX推進指標」とそのガイダンス」におけるDX推進の枠組み（定性指標）に関する次の記述のうち、最も不適切なものはどれか。

1) 技術に精通した人材の育成・確保が、DX人材育成・確保のゴールである。
2) DX人材の育成・確保は、人材のプロファイルを明確にすることが重要である。
3) DX人材の育成・確保を円滑に行うためには、人事評価、報酬体系を新たな制度として構築することも重要である。
4) 事業部門におけるDX人材は、事業ニーズを把握し、顧客中心の視点から価値を生み出す能力が重要である。

・解説と解答・

1) 不適切である。「技術に精通した人材」と「業務に精通した人材」が融合してDXに取り組む仕組みの整備が求められている。「「DX推進指標」とそのガイダンス」は、「DXで何をやるかの解を出すには、「技術で何ができるかを分かっている人」と「業務を分かってアイデアを出せる人」が連携できる仕組みや体制を構築することが不可欠である」と指摘している。

2) 適切である。「「DX推進指標」とそのガイダンス」は、「DXの実行を担う人材の育成・確保は全社的な経営課題であると理解し、DX推進に必要となる人材のプロファイルを明確にすることや、数値目標を持つことで、育成や社外からの獲得の効率化と人材ミスマッチの防止を図り、短期・中長期での具体的なアクションにつなげることが重要である」と指摘している。

3) 適切である。「「DX推進指標」とそのガイダンス」は、「優秀な人材を育成、獲得するためにはこれまでの人事評価では対応できないケースもあるため、DX推進に資する人事評価、報酬体系、キャリアパスを新たな制度として構築することも重要である」と指摘している。

4) 適切である。「「DX推進指標」とそのガイダンス」は、「DX推進のためには、事業部門において、事業ニーズを把握している人材が、データやデジタル技術を活用して顧客中心の視点からどのような価値を生み出せるか

のアイデアを出し、その実現性を素早く検証できるようになることが重要である」と指摘している。

正解　1）

5－12　ＤＸ推進指標⑤

《問》独立行政法人情報処理推進機構の「「ＤＸ推進指標」とそのガイダンス」におけるＤＸ推進の取組状況（定量指標）に関する次の記述のうち、最も適切なものはどれか。
1）ＤＸに取り組む企業の定量指標は、業種業態ごとに各社ほぼ共通するという特徴がある。
2）ＤＸに取り組む企業は、定量指標選定時に、具体的に「デジタル」を定義する必要がある。
3）ＤＸに取り組む企業は、コンサルタントなどの第三者に定量指標を選択させて、当該指標に客観性を担保する必要がある。
4）ＤＸに取り組む企業は、ＤＸによって経営がどのように変わったか、競争力強化が実現できているかを定量的に表す指標として、通常の経営指標を活用することは避けるべきである。

・解説と解答・

1）不適切である。「「ＤＸ推進指標」とそのガイダンス」には、「ＤＸの取組は各社によってさまざまであるため、ＤＸ推進の取組状況について、画一的な定量指標を提示することは困難である。他方で、ＤＸの進捗について、各社が定量的な指標を持つことは、進捗管理を行っていくうえでも重要である。したがって、自社がＤＸによって実現を目指すものを念頭に、それぞれの企業が自ら定量指標を選択し、例えば、3年後に目指すべき数値目標を設定しながら、毎年の定量指標を算出することにより、到達度合い、進捗管理に役立てることとする」との記載がある。
2）適切である。デジタルビジネス、デジタルサービス、デジタルカスタマーなど、デジタルの定義は各社で異なるため、全社または事業部門単位にデジタルの定義をする必要がある。
3）不適切である。自社がＤＸによって実現を目指すものを念頭に、企業が自ら定量指標を選択すべきである。
4）不適切である。ＤＸの目的は競争力強化であり、ＤＸによって経営がどのように変わったか、競争力強化が実現できているかを定量的に表す指標としては、通常の経営指標を活用することが有効である。

正解　2）

5－13　ＤＸ推進指標⑥

《問》独立行政法人情報処理推進機構の「「ＤＸ推進指標」とそのガイダンス」におけるＤＸ推進の取組状況（定量指標）に関する次の記述のうち、適切なものはいくつあるか。

(a) 競争力強化の到達度合いをはかる指標として、「タイム・トゥ・マーケット」がある。

(b) 競争力強化の到達度合いをはかる指標として、「キャッシュ・コンバージョン・サイクル」がある。

(c) ＤＸの取組状況をはかる指標として、「ＤＸのためのトライアルの数」がある。

(d) ＤＸの取組状況をはかる指標として、「新サービスを利用する既存顧客の割合」がある。

1）　1つ
2）　2つ
3）　3つ
4）　4つ

・解説と解答・

(a) 適切である。新製品開発における研究開発の予算措置から市場提供までの時間で、スピード感を表す指標である。

(b) 適切である。資金繰りに関する指標として、仕入れから販売に伴う現金回収までの日数で、効率性を表す指標である。ほかに、競争力強化の到達度合いを図る指標の例として、新規顧客獲得割合、支出プロセスにおける効率性、決算処理スピード、フォーキャストサイクルタイム（予算見直しをアジャイルに行っているか）などがある。

(c) 適切である。

(d) 適切である。ほかに、ＤＸの取組状況を図る指標の例として、企業全体に占めるデジタルサービスの割合、デジタルサービス全体の利益、デジタルサービスへの投資額、デジタルサービスに従事している従業員数、ＤＸのための事業連携の数、業務プロセスのデジタル化率などがある。

正解　4）

5－14　ＤＸ推進指標⑦

《問》独立行政法人情報処理推進機構の「「ＤＸ推進指標」とそのガイダンス」におけるＩＴシステム構築の枠組み（定性指標）に関する次の記述のうち、最も不適切なものはどれか。

1）ビジョン実現の基盤としてのＩＴシステムに求められるものの1つに、「システムおよびデータの部門ごとの個別最適」がある。
2）ビジョン実現の基盤としてのＩＴシステムに求められるものの1つに、「変化に迅速に対応できるデリバリースピードの実現」がある。
3）ビジョン実現の基盤としてのＩＴシステムに求められるものの1つに、「データを使いたい形で使えること」がある。
4）ビジョン実現の基盤としてのＩＴシステム構築のためには、「ＩＴ資産の現状について、全体像を把握し、分析・評価できていること」が重要である。

・解説と解答・

1）不適切である。部門を超えてデータ活用し、バリューチェーンワイド（開発、生産、調達等を含めたバリューチェーン全体）で顧客視点での価値創出が可能な全社最適が求められる。「「ＤＸ推進指標」とそのガイダンス」は、ＤＸを進める基盤としてのＩＴシステムに求められるものは、①データをリアルタイム等使いたい形で使えるか、②変化に迅速に対応できるデリバリースピードを実現できるか、③部門を超えて全社最適でデータを活用できるか、を挙げている。一方、「多くの日本企業では、部門ごとに個別最適でシステムを構築し、しかも過剰なカスタマイズにより、ＩＴシステムがブラックボックス化してしまっている」と現状に警鐘を鳴らしている。
2）適切である。
3）適切である。
4）適切である。

正解　1）

5－15　ＤＸ推進指標⑧

《問》独立行政法人情報処理推進機構の「「ＤＸ推進指標」とそのガイダンス」におけるＩＴシステム構築の枠組み（定性指標）に関する次の記述のうち、適切なものはいくつあるか。

(a) ビジョン実現の基盤としてのＩＴシステムの構築の定性指標の1つとして、「価値創出への貢献が少ないものの廃棄」がある。

(b) ビジョン実現の基盤としてのＩＴシステムの構築の定性指標の1つとして、「競争領域の特定」がある。

(c) ビジョン実現の基盤としてのＩＴシステムの構築の定性指標の1つとして、「非競争領域の個別化」がある。

(d) ビジョン実現の基盤としてのＩＴシステムの構築の定性指標の1つとして、「ロードマップの策定」がある

1）1つ
2）2つ
3）3つ
4）4つ

・解説と解答・

(a) 適切である。「「ＤＸ推進指標」とそのガイダンス」は、「ＤＸによる価値創出につながるＩＴ投資を拡大するためには、徹底的な無駄の排除が必要であり、現在利用できているシステムであってもその効果によっては廃棄する覚悟が必要である」と指摘している。

(b) 適切である。「「ＤＸ推進指標」とそのガイダンス」は、「ＤＸ推進に向けたデータやデジタル技術を活用した自社の競争領域を定義・特定し、そこで必要となるＩＴシステムの要素を明確化した上で、その領域にＩＴ投資のための資金・人材を投入していくことが競争力の源泉につながる。つまり、事業環境のうち、変化に速やかに対応した方が良い領域をデータやデジタル技術で特定し、その特定した領域で必要となるシステムを構築・運用することが重要である」と指摘している。

(c) 不適切である。非競争領域の標準化・共通化である。「「ＤＸ推進指標」とそのガイダンス」は、「ＩＴシステム（パッケージのカスタマイズ含む）

を業務に合わせて構築（機能肥大）するのではなく、標準パッケージ・共通プラットフォームのまま（カスタムなしで）利用できるよう業務を見直すことでITシステムの機能圧縮（無駄な作り込みはしない）をすることが重要である」と指摘している。

(d) 適切である。「「DX推進指標」とそのガイダンス」は、「DX推進におけるトップのビジョンをIT資産の仕分けやプランニング、ITシステムの再構築に反映させるためには、それらのロードマップが、DX推進の戦略に沿った形で策定されていることが重要である。さもないと、経営としての優先順位や事業部門とのニーズとのミスマッチが発生し、DX推進の足かせとなるシステムが残存するといったことにつながりかねない」と指摘している。

正解　3）

５－16　ＤＸ推進指標⑨

《問》独立行政法人情報処理推進機構の「「ＤＸ推進指標」とそのガイダンス」におけるＩＴシステム構築の枠組み（定性指標）に関する次の記述のうち、最も適切なものはどれか。
1) ガバナンス・体制の定性指標の１つとして、ＩＴ部門がオーナーシップをもって、ＤＸで実現したい事業企画・業務企画を自ら明確にし、完成責任まで負えているかを表す「ＩＴ部門のオーナーシップ」がある。
2) ガバナンス・体制の定性指標の１つとして、ベンダーに丸投げせず、ＩＴシステムの全体設計、システム連携基盤の企画や要求定義を自ら行い、パートナーとして協創できるベンダーを選別できる人材を確保できているかを表す「人材確保」がある。
3) ガバナンス・体制の定性指標の１つとして、「ＩＴシステムを実際に構築した人」と「データを利用する人」が連携できているかを表す「データ活用の人材連携」がある。
4) ガバナンス・体制の定性指標の１つとして、ＩＴシステム完成までの時間とコストで評価する仕組みとなっているかを表す「ＩＴ投資の評価」がある。

・解説と解答・

1) 不適切である。ガバナンス・体制の定性指標の１つとして、事業部門がオーナーシップをもって、ＤＸで実現したい事業企画・業務企画を自ら明確にし、完成責任まで負えているかを表す「事業部門のオーナーシップ」がある。「「ＤＸ推進指標」とそのガイダンス」は、「事業部門がオーナーシップをもって、事業企画や業務企画、要求定義を実施しない場合、でき上がったＩＴシステムが満足できるものとならず、大幅な手戻りが発生し、コスト増につながってしまう」と指摘している。
2) 適切である。「「ＤＸ推進指標」とそのガイダンス」は、「ＤＸを推進する人材が、詳細についてベンダーに丸投げしてしまうと、特定のベンダーに依存してしまったり、取組が継続しなかったりしてしまう。自社でやるべきことは何なのかを具体的に理解している人材、何をベンダーに依頼するのかといった役割分担を明確にできる人材を確保することが重要である。

その際、価値共創のパートナーとしてのベンダーの目利きができることが
ポイントであり、それができない場合は、費用の妥当性を議論するだけの
人材となってしまう」と指摘している。

3）不適切である。ガバナンス・体制の定性指標の1つとして、「どんなデー
タがどこにあるかを分かっている人」と「データを利用する人」が連携で
きているかを表す「データ活用の人材連携」がある。「「DX推進指標」と
そのガイダンス」は、「DX推進の過程では、データの所在が分かってい
てもどう活用できるかのイメージが湧かない、またイメージは湧いている
が実現性（そもそもそのようなデータが社内にあるのか）を検証できない
といった事態がしばしば発生することがある。どのようなデータをどこに
管理しているか、データ活用のアイデアに対して足りないデータは何なの
かが社内で議論できるように、人材が連携できる仕組みを構築することが
重要となる」と指摘している。

4）不適切である。ガバナンス・体制の定性指標の1つとして、ITシステム
ができたかどうかではなく、ビジネスがうまくいったかどうかで評価する
仕組みとなっているかを表す「IT投資の評価」がある。「「DX推進指
標」とそのガイダンス」は、「一般にIT投資評価は、要件に対するコス
トの大小や、経費の前年度比較で行われることが多い。しかし、DXの本
質は価値創出であり、DX推進のための変革を実現するためには、IT投
資とビジネス価値が連動していることを明確にすることが重要である」と
指摘している。

正解　2）

5－17　DX推進指標⑩

《問》独立行政法人情報処理推進機構の「「DX推進指標」とそのガイダンス」におけるITシステム構築の枠組み（定性指標）のガバナンス・体制の定性指標の1つである「プライバシー、データセキュリティ」（以下、「本指標」という）に関する次の記述のうち、最も不適切なものはどれか。

1）本指標は、顧客やビジネスパートナーが安心してデータを提供し、そのデータの活用が競争力の源泉であるという考えに基づき設定されている。

2）本指標の成熟度を判定するエビデンスの例に、全社IT計画、DX推進計画、事業部門とIT部門とのコミュニケーション記録、セキュリティポリシー、プライバシーポリシーなどがある。

3）全社的な事業基盤としてプライバシー、データセキュリティ等に関するルールやITシステムが整備されている状態は、本指標において成熟度レベル3に該当する。

4）デジタル企業としてグローバル競争を勝ち抜くうえで、プライバシー、データセキュリティ等に関するルールやITシステムなどの全社的な事業基盤が競争力の源泉となっている状態は、本指標において成熟度レベル4に該当する。

●解説と解答●

1）適切である。
2）適切である。
3）適切である。
4）不適切である。選択肢の内容は成熟度レベル5に該当する。

正解　4）

《図表》成熟度レベルの基本的な考え方

成熟度レベル		特性
レベル0	『未着手』	経営者は無関心か、関心があっても具体的な取組に至っていない
レベル1	『一部での散発的実施』	全社戦略が明確でない中、部門単位での試行・実施にとどまっている （例）PoCの実施において、トップの号令があったとしても、全社的な仕組みがない場合は、ただ単に失敗を繰り返すだけになってしまい、失敗から学ぶことができなくなる。
レベル2	『一部での戦略的実施』	全社戦略に基づく一部の部門での推進
レベル3	『全社戦略に基づく部門横断的推進』	全社戦略に基づく部門横断的推進 全社的な取組となっていることが望ましいが、必ずしも全社で画一的な仕組みとすることを指しているわけではなく、仕組みが明確化され部門横断的に実践されていることを指す。
レベル4	『全社戦略に基づく持続的実施』	定量的な指標などによる持続的な実施 持続的な実施には、同じ組織、やり方を定着させていくということ以外に、判断が誤っていた場合に積極的に組織、やり方を変えることで、継続的に改善していくということも含まれる。
レベル5	『グローバル市場におけるデジタル企業』	デジタル企業として、グローバル競争を勝ち抜くことのできるレベル レベル4における特性を満たした上で、グローバル市場でも存在感を発揮し、競争上の優位性を確立している。

出典：独立行政法人情報処理推進機構（IPA）「「ＤＸ推進指標」とそのガイダンス」

5－18　ＤＸ推進指標⑪

《問》独立行政法人情報処理推進機構の「「ＤＸ推進指標」とそのガイダンス」におけるＩＴシステム構築の取組状況（定量指標）に関する次の記述のうち、最も不適切なものはどれか。

1）人材の育成・確保に向けた経営の取組みの進捗を可視化するうえでは、まず、ＤＸに必要な人材の質と量を、技術に精通した人材、事業に精通した人材の双方の観点から具体化することが重要である。

2）ＤＸの推進や技術的負債の低減に向けては、バリュー・アップ予算に比してラン・ザ・ビジネス予算の比率を高めることが経営課題となる。

3）サービス改善のリードタイムは、競争を勝ち抜くために重要な要素であり、ＩＴシステムを評価する定量指標として有効なものの1つである。

4）経営が「迅速に把握すべき」と考えているデータを特定し、どの程度の頻度・期間で当該データが確定されるかを表すデータ鮮度は、ＩＴシステムを評価する指標として有効なものの1つである。

・解説と解答・

1）適切である。ＩＴシステム構築の取組状況（定量指標）は、予算、人材、データ、スピード・アジリティ（ビジネス変化への追従力）の4つに分類される。

2）不適切である。ＤＸの推進や技術的負債（短期的な観点でシステムを開発し、結果として、長期的に保守費や運用費が高騰している状態）の低減に向けては、ラン・ザ・ビジネス予算（既存業務の運用・保守予算）に比してバリュー・アップ予算（新規ビジネスへのＩＴ投資予算）の比率を高めることが経営課題となる。

3）適切である。例えば、リードタイムの短縮を目指すサービスをいくつか特定し、それぞれに対するＩＴシステムの改修企画の立案からサービス開始までの期間と、3年後の目標値である。サービス改善のリードタイムのほかにも、サービス改善の頻度やアジャイルプロジェクトの数などが、スピード・アジリティ面での定量指標の例となる。

4）適切である。「「ＤＸ推進指標」とそのガイダンス」には、データ鮮度とは

別に、「バリューチェーンを考えた際にどこまで細かいデータが見たい
か、データ粒度を定量指標の1つとして把握することも一案である」との
記載もある。

正解　2）

5－19　ＤＸ推進指標⑫

《問》独立行政法人情報処理推進機構の「「ＤＸ推進指標」とそのガイダンス」におけるＩＴシステム構築の取組状況（定量指標）に関する次の記述のうち、最も適切なものはどれか。

1）アジリティを評価する定量指標の1つとして、アジャイルプロジェクトの数がある。

2）ＩＴ予算比率（ラン・ザ・ビジネス予算とバリュー・アップ予算の比率）の算出時には、ＩＴ部門の支出のみを対象とすべきである。

3）ＩＴ予算のうち、バリュー・アップ予算の比率が低いほど、経営としてのＤＸへのコミットメント度合いが高いといえる。

4）ＤＸ人材に関する目標値は、事業環境により大きく影響を受けるため設定すべきではない。

・解説と解答・

1）適切である。「「ＤＸ推進指標」とそのガイダンス」は、アジリティ（ビジネス変化への追従力）の定量指標として、アジャイルプロジェクト（プロジェクトを小単位に区切って製造とテストを繰り返す開発）数および全プロジェクト数に対するアジャイルプロジェクト数の割合を挙げている。

2）不適切である。ＩＴ部門の支出に加えて、事業部門のＩＴ投資額を足し合わせていることが望ましいとされている。

3）不適切である。ＤＸ推進のため、バリュー・アップ予算の比率を高めることが、経営課題となる。

4）不適切である。「「ＤＸ推進指標」とそのガイダンス」は、人材の定量指標として、ＤＸ人材数（事業部門および技術部門）、ＤＸ人材育成のための研修予算を挙げている。「ＤＸに必要な人材の比率（旧来ビジネスからどれだけ人材のトランスフォームができているか）は、経営としてのＤＸへのコミットメント度合いの重要な指標である」と指摘している。

正解　1）

5-20　ＤＸ戦略構築のフレームワーク

《問》ＤＸ戦略を構築するうえで有用なフレームワークに関する次の記述
のうち、最も不適切なものはどれか。

1)「３Ｃ分析」は、Company（自社）、Customer（顧客）、Competitor
（競合）の頭文字を取ったフレームワークで、３つの要素を分析す
ることによりＤＸで本当に提供するべき価値を定義する手法であ
る。

2)「PEST分析」は、Politics（政治）、Economy（経済）、Society（社
会）、Technology（技術）の４つの視点で考えるフレームワークで
ある。この手法は、ビジネスの現状と将来を読み解くことを可能に
すると言われている。この手法を使うことで外部要因を考慮したＤ
Ｘで実現すべき方向性を明らかにすることができる。

3)「ビジネスモデルキャンバス」は、ビジネスモデルを７つの構成要
素で整理し、多角的・網羅的に構造化することで、ＤＸにより新た
に実現しようとするビジネスモデルの検証を行う際に有用なフレー
ムワークである。

4)「SWOT分析」は、自社を取り巻く環境を内部環境と外部環境、プ
ラス要因とマイナス要因の２軸からとらえることで、ＤＸ戦略の構
築にあたっての自社の保有資源の分析や、デジタル社会において自
社が提供する価値を整理する際に有用なフレームワークである。

・解説と解答・

1) 適切である。「３Ｃ分析」とは、自社ではコントロールできない外部環境
（顧客、競合）と自社の内部環境の両面から分析するフレームワークであ
る。顧客分析では、市場規模や成長性、顧客ニーズなどの顧客の購買意欲
や能力を分析し、競合分析では、売り上げや社員数、市場シェアをはじめ
とする競合の状況、競合の製品やサービスの強み・弱みを分析する。自社
分析では、市場・顧客の変化と、その変化に対して競合がどのように対応
しているのかを、自社と比較しながら、自社について把握する。「３Ｃ分
析」の結果から、経営資源、売上高、市場シェア、収益性、販路、技術
力、組織力など、様々なポイントに着目し、自社の強みと弱み、KSF（成
功要因）を導き出す。

2）適切である。「PEST分析」とは、事業にプラスまたはマイナスの影響を
　及ぼす外部環境の要因を、下記の４つの観点から分析するフレームワーク
　である。

　・政治的要因（Ｐ）：税制の変化、法改正、規制緩和、条例の改正、政権
　　　　　　　　　　　交代、政策の変化、補助金の交付など
　・経済的要因（Ｅ）：景気、株価、金利、賃金動向、個人消費、為替動
　　　　　　　　　　　向、原油価格など
　・社会的要因（Ｓ）：流行、生活習慣・ライフスタイル、宗教、文化、人
　　　　　　　　　　　口動態など
　・技術的要因（Ｔ）：ビッグデータ、ＡＩ、IoT（センサー）、自動運転シ
　　　　　　　　　　　ステム、ブロックチェーン、メタバース・ＡＲ、設
　　　　　　　　　　　計技術、特許など

3）不適切である。「ビジネスモデルキャンバス」とは、ビジネスモデルを可
　視化するフレームワークである。ビジネスモデルキャンバスでは、ビジネ
　スモデルを顧客、提供価値、販路、顧客との関係、収益性、リソース、活
　動、パートナー、コスト構造の９つの構成要素で整理する。

4）適切である。「SWOT分析」とは、自社を取り巻く環境を下図のように内
　部環境と外部環境、プラス要因とマイナス要因に分けて分析するフレーム
　ワークである。

《図表》SWOT分析の視点

	プラス要因	マイナス要因
内部環境	Strength （強み）	Weakness （弱み）
外部環境	Opportunity （機会）	Threat （脅威）

　・Strength（強み）：自社や自社商品の長所や得意とするところ。内部環
　　　　　　　　　　　境のプラス要因。
　・Weakness（弱み）：自社や自社商品の短所や苦手とするところ。悪影
　　　　　　　　　　　響を及ぼすと考えられる内部環境のマイナス要因。
　・Opportunity（機会）：社会や市場の変化などにより、自社や自社商品
　　　　　　　　　　　にとってプラスに働く外部環境のプラス要因。
　・Threat（脅威）：社会や市場の変化などにより、自社や自社商品に悪影
　　　　　　　　　　　響を及ぼすと考えられる外部環境のマイナス要因。
　　SWOT分析を行うことで、自社の武器になる強み、強化すべき領域、

経営を脅かす外部環境といった現状を明確な根拠とともに把握し、実現性の高いＤＸ戦略の策定につなげることができる。

<u>正解　３）</u>

5－21　ＤＸ認定制度

《問》国のＤＸ認定制度に関する次の記述のうち、最も適切なものはどれか。

1) ＤＸ認定制度は、情報処理の促進に関する法律に基づく、国の認定制度である。
2) ＤＸ認定制度は、東京証券取引所など金融商品取引所に上場している企業を対象とした制度である。
3) ＤＸ認定制度は、ＤＸを既に実現している事業者を認定する制度である。
4) ＤＸ認定制度は、毎年1月に独立行政法人情報処理推進機構（IPA）が認定申請を受け付け、3月に認定結果を公表している。

・解説と解答・

1) 適切である。ＤＸ認定制度は、ＤＸを推進する準備ができている「ＤＸ-Ready」事業者を国が認定するものである。情報処理の促進に関する法律に基づき、2020年に開始された。従来の認定基準は、国が策定した企業経営における戦略的なシステムの利用のあり方を提示した「情報処理システムの運用および管理に関する指針」に基づいていたが、「デジタルガバナンス・コード2.0」の公表に伴い、2022年12月以降は同資料に基づく新基準での運用が開始されている。認定対象は国内のすべての事業者（法人と個人事業者。法人は会社だけではなく、公益法人等も含む）である。また、経済産業省と東京証券取引所が共同で実施する「ＤＸ銘柄」（ＤＸを推進するための仕組みを社内に構築し、優れたデジタル活用の実績が表れている企業）に選定されるには、ＤＸ認定制度の認定を取得していることが必要となっている。

2) 不適切である。上記1）の解説参照。

3) 不適切である。上記1）の解説参照。

4) 不適切である。認定申請は、独立行政法人情報処理推進機構（IPA）で通年、申請を受け付けている。なお、申請から認定結果の通知までの期間（標準処理期間）は60日間であるが、この期間にはIPAまたは経済産業省の執務が行われない休日は含まれず、審査の締日との兼ね合いでさらに1カ月ずれることもあるため、通常4カ月以上かかるものとして認定取得を

222

計画することが推奨されている。

正解　1）

５−22　ＤＸ銘柄

《問》ＤＸ銘柄に関する次の記述のうち、最も不適切なものはどれか。
1) ＤＸ銘柄の１次評価は、ＤＸ推進指標に基づいて実施される。
2) ＤＸ銘柄の対象企業は、東京証券取引所の上場会社である。
3) ＤＸ銘柄の２次評価は、「企業価値貢献」と「ＤＸ実現能力」の観点を中心として実施される。
4) ＤＸ銘柄は、年１回選定され公表される。

・解説と解答・

1) 不適切である。ＤＸ銘柄2024の１次評価においては、「デジタルガバナンス・コード2.0」（企業のＤＸに関する自主的取組みを促すため、デジタル技術による社会変革を踏まえた経営ビジョンの策定・公表といった経営者に求められる対応を、経済産業省が取りまとめたもの）の柱立てに沿って設定された評価項目とROE（自己資本利益率）、PBR（株価純資産倍率）に基づくスコアリングが行われる。ＤＸ銘柄は、東京証券取引所の上場会社から、企業価値の向上につながるＤＸを推進するための仕組みを社内に構築し、優れたデジタル活用の実績が表れている企業を、「ＤＸ調査」への企業からの回答に基づき選定するものである。なお、ＤＸ銘柄2023では32社が選定された。さらに、選定された企業のうち、特に優れた取組みを行った２社が「ＤＸグランプリ企業」に、特に傑出した取組みを制度開始当初から継続している３社が「ＤＸプラチナ企業2023−2025」に選定されている。
2) 適切である。上記１）の解説参照。
3) 適切である。２次評価においては、「ＤＸ調査」の記述式項目を中心に、委員会による最終評価を実施して選定されており、「ＤＸ調査」の記述式項目は「企業価値貢献」および「ＤＸ実現能力」の観点から設定されている。
4) 適切である。ＤＸ銘柄の選定に向けた例年のスケジュールは次の通りである。
   ・９月頃　　　　　　要領公表
   ・10月〜11月頃　　「ＤＸ調査」調査項目等の公表
   ・12月　　　　　　「ＤＸ調査」回答受付

・12月〜翌年4月　　　選定
・5月　　　　　　　　選定結果の公表
・6月以降　　　　　　「DX調査」回答企業へのフィードバック実施

　また、DX銘柄選定への応募には、GビズIDの取得およびDX認定の取得が必要となる。なお、「DX認定」の取得状況にかかわらず、「DX調査」に回答した企業に対しては、経済産業省がフィードバックを行い、各社の更なる取組推進に資する情報を提供している。

正解　1）

5－23　ＤＸセレクション

《問》ＤＸセレクションに関する次の記述のうち、最も適切なものはどれか。

1) ＤＸセレクション2024へのエントリーにあたっては、地方公共団体、経済団体、金融機関等、地域における事業活動や経営の状況等を把握し、「ＤＸセレクション」として選定されうる事業者を適切に推挙できる関係機関から推薦を受ける必要があり、自薦による応募は認められていない。

2) ＤＸセレクション2024の選定対象企業は、資本金の額や出資総額にかかわらず、従業員の数が2,000人以下の法人に限られている。

3) ＤＸセレクションの審査は、「コーポレートガバナンス・コード」の各項目に対する取組みの評価によって行われる。

4) ＤＸセレクションは、優良事例を公表することによって、地域内あるいは業種内での横展開を図り、中堅・中小企業等におけるＤＸ推進ならびに各地域での取組みの活性化につなげていくことを目的としている。

・解説と解答・

1) 不適切である。ＤＸセレクションは、デジタルガバナンス・コードに沿った取組みを通じてＤＸで成果を残している、中堅・中小企業等のモデルケースとなるような優良事例を選定する制度であり、2022年に経済産業省が開始した取組みである。ＤＸセレクションへのエントリーにあたっては、①ＤＸ認定レベルを確認する調査項目に回答すること、②関係機関（地方公共団体、経済団体、金融機関、独立行政法人、国立研究開発法人、報道機関、その他、被推薦者の地域における事業活動や経営の状況等を把握し、「ＤＸセレクション」として選定されうる事業者を適切に推挙できる者）から推薦されることが必要である。ただし、応募時点で「ＤＸ認定」を取得済みである企業に限っては、①の調査項目への回答を免除したうえで、自薦での応募も認められている。

2) 不適切である。ＤＸセレクション2024の選定対象企業は、ＤＸに取り組み、成果をあげている日本全国の中堅企業・中小企業等であり、この中堅企業・中小企業等に該当するのは、資本金の額または出資の総額が10億円

未満の法人ならびに常時使用する従業員の数が2,000人以下の法人、または、相当規模の事業者とされている。

3）不適切である。デジタルガバナンス・コードの各項目に対応する取組みを評価するとしている。

4）適切である。

<u>正解</u>　4）

5−24 デジタルスキル標準

《問》デジタルスキル標準に関する次の記述のうち、最も適切なものはどれか。
1) デジタルスキル標準のうち「ＤＸリテラシー標準」は、就職活動を行う人が身につけるべき能力やスキルを定義している。
2) デジタルスキル標準のうち「ＤＸリテラシー標準」においては、「ＤＸの背景」、「ＤＸで活用されるデータ・技術」、「データ・技術の利活用」、「マインド・スタンス」の大項目に関して、それぞれ身につけるべきリテラシーの項目が設定され、各項目の内容や学習項目例が提示されている。
3) デジタルスキル標準のうち「ＤＸ推進スキル標準」は、ＤＸの推進において必要な人材を４類型に区分して定義している。
4) デジタルスキル標準のうち「ＤＸ推進スキル標準」においては、全人材類型に共通する「共通スキルリスト」として、ＤＸ推進人材に求められるスキルが４カテゴリー・12サブカテゴリーで整理されている。

・解説と解答・

1) 不適切である。経済産業省、独立行政法人情報処理推進機構（IPA）が公表した「デジタルスキル標準」は、ＤＸを推進する人材育成や採用のための指針であり、「ＤＸリテラシー標準」と「ＤＸ推進スキル標準」から構成される。「ＤＸリテラシー標準」は、全てのビジネスパーソンが身につけるべき能力・スキルの標準である。
2) 適切である。「ＤＸリテラシー標準」の全体像は次の《図表》の通りである。

《図表》「ＤＸリテラシー標準」の全体像

出典：経済産業省・独立行政法人情報処理推進機構「デジタルスキル標準ver.1.1」

　また、「ＤＸリテラシー標準」の各大項目において、リテラシーとして身につけるべきとされている項目は次の《図表》の通りである。

《図表》「ＤＸリテラシー標準」の項目一覧

Why DXの背景		What DXで活用されるデータ・技術		How データ・技術の利活用	
社会の変化		データ	社会におけるデータ	活用事例・利用方法	データ・デジタル技術の活用事例
顧客価値の変化			データを読む・説明する		ツール利用
競争環境の変化			データを扱う	留意点	セキュリティ
			データによって判断する		モラル
		デジタル技術	AI		コンプライアンス
			クラウド		
			ハードウェア・ソフトウェア		
			ネットワーク		

マインド・スタンス					
デザイン思考／アジャイルな働き方	顧客・ユーザーへの共感		常識にとらわれない発想		反復的なアプローチ
新たな価値を生み出す基礎としてのマインド・スタンス	変化への適応		コラボレーション	柔軟な意思決定	事実に基づく判断

出典：経済産業省・独立行政法人情報処理推進機構「デジタルスキル標準ver.1.1」

3）不適切である。「ＤＸ推進スキル標準」では、企業や組織のＤＸの推進において必要な人材のうち、主な人材を５つの「人材類型」として定義している。５つの人材類型は次の通りである。

　(1)　ビジネスアーキテクト：ＤＸの取組みにおいて、ビジネスや業務の変革を通じて実現したいこと（＝目的）を設定したうえで、関係者をコーディネートし関係者間の協働関係の構築をリードしながら、目的実現に向けたプロセスの一貫した推進を通じて、目的を実現する人材

　(2)　デザイナー：ビジネスの視点、顧客・ユーザーの視点等を総合的にとらえ、製品・サービスの方針や開発のプロセスを策定し、それらに沿った製品・サービスのありかたのデザインを担う人材

(3)　データサイエンティスト：ＤＸの推進において、データを活用した業務変革や新規ビジネスの実現に向けて、データを収集・解析する仕組みの設計・実装・運用を担う人材

(4)　ソフトウェアエンジニア：ＤＸの推進において、デジタル技術を活用した製品・サービスを提供するためのシステムやソフトウェアの設計・実装・運用を担う人材

(5)　サイバーセキュリティ：業務プロセスを支えるデジタル環境におけるサイバーセキュリティリスクの影響を抑制する対策を担う人材

4）不適切である。共通スキルリストは5カテゴリー・12サブカテゴリーから構成されている。カテゴリー・サブカテゴリー毎のスキル項目は次の《図表》の通りである。

《図表》共通スキルリストの全体像

カテゴリー	サブカテゴリー	スキル項目
ビジネス変革	戦略・マネジメント・システム	ビジネス戦略策定・実行
		プロダクトマネジメント
		変革マネジメント
		システムズエンジニアリング
		エンタープライズアーキテクチャ
		プロジェクトマネジメント
	ビジネスモデル・プロセス	ビジネス調査
		ビジネスモデル設計
		ビジネスアナリシス
		検証（ビジネス視点）
		マーケティング
		ブランディング
	デザイン	顧客・ユーザー理解
		価値発見・定義
		設計
		検証（顧客・ユーザー視点）
		その他デザイン技術
データ活用	データ・AIの戦略的活用	データ理解・活用
		データ・AI活用戦略
		データ・AI活用業務の設計・事業実装・評価
	AI・データサイエンス	数理統計・多変量解析・データ可視化
		機械学習・深層学習
	データエンジニアリング	データ活用基盤設計
		データ活用基盤実装・運用

カテゴリー	サブカテゴリー	スキル項目
テクノロジー	ソフトウェア開発	コンピュータサイエンス
		チーム開発
		ソフトウェア設計手法
		ソフトウェア開発プロセス
		Webアプリケーション基本技術
		フロントエンドシステム開発
		バックエンドシステム開発
		クラウドインフラ活用
		SREプロセス
		サービス活用
	デジタルテクノロジー	フィジカルコンピューティング
		その他先端技術
		テクノロジートレンド
セキュリティ	セキュリティマネジメント	セキュリティ体制構築・運営
		セキュリティマネジメント
		インシデント対応と事業継続
		プライバシー保護
	セキュリティ技術	セキュア設計・開発・構築
		セキュリティ運用・保守・監視
パーソナルスキル	ヒューマンスキル	リーダーシップ
		コラボレーション
	コンセプチュアルスキル	ゴール設定
		創造的な問題解決
		批判的思考
		適応力

出典：経済産業省・独立行政法人情報処理推進機構「デジタルスキル標準ver.1.1」

正解　2）

5−25 ＤＸ支援ガイダンス①

《問》経済産業省が2024年３月に策定した「ＤＸ支援ガイダンス」に関する次の記述のうち、最も不適切なものはどれか。

1）ＤＸ支援ガイダンスの対象となる支援機関は、「企業のＤＸを支援する地域金融機関、地域ＩＴベンダー、地域のコンサルタント」とされ、企業のＤＸ支援を行う大手ＩＴベンダー、商工会議所、士業、大学・教育機関等はガイダンスの対象外である。

2）ＤＸ支援ガイダンスは、人材・情報・資金などの経営資源が不足している中堅・中小企業等においては、独力でＤＸを推進することは難しく、伴走役たる支援機関が中堅・中小企業等のＤＸを支援するアプローチが有効であるという考えのもと策定された。

3）ＤＸ支援により、中堅・中小企業等のＤＸが加速し、当該企業の成長の果実が地域に還元されることにより、地域経済の持続的な発展が実現されることが期待されている。

4）ＤＸ支援は、事業環境の変化により既存のビジネスだけでは立ちゆかなくなる局面にある支援機関にとっても、取引先との関係強化や、支援機関自身の価値向上につながる新しいビジネス機会となりうる、メリットのある取組みである。

・解説と解答・

「ＤＸ支援ガイダンス」は、支援機関が中堅・中小企業等に対してＤＸ支援を実施する際に考慮すべき事項についての解説書として、2024年３月27日に経済産業省により策定された。ＤＸ支援ガイダンスを通じて、全国各地の支援機関において、ＤＸ支援により中堅・中小企業等の企業価値が向上し、支援機関自身にも様々な利益が生まれるとの共通認識が醸成され、「本業支援」としてのＤＸ支援が定着し、地域経済の持続的な発展をけん引していくことが期待されている。

1）不適切である。ＤＸ支援機関ガイダンスにおける支援機関は、「企業のＤＸを支援する組織・個人」をひろく指すものであり、地域金融機関、地域ＩＴベンダー、地域のコンサルタントに限られているわけではない。具体的な支援機関の例としては以下のものが挙げられている。

・地域金融機関（地方銀行、第二地方銀行、信用金庫、信用組合 など）

　　　・地域ITベンダー
　　　・地域のコンサルタント（ITコーディネーター、中小企業診断士 など）
　　　・SaaSツール事業者
　　　・大手ITベンダー
　　　・公益財団法人、一般社団法人、地方公共団体
　　　・商工会、商工会議所、中央会
　　　・士業等（税理士、公認会計士、社会保険労務士、情報処理安全確保支援
　　　　士 など）
　　　・各業界団体
　　　・大学・教育機関
2）適切である。政府はこれまで、中堅・中小企業等に対するDX推進政策と
　して、各種補助金や税制による金銭的支援、認定や表彰制度の活用を通じ
　た促進策等の「個社支援」政策に取り組んできたが、中堅・中小企業等に
　おいては特に人材・情報・資金が不足していることから、独力でDXを推
　進することは困難であった。このため、従来の「個社支援」政策に加え、
　中堅・中小企業等の伴走役たる支援機関を通じて中堅・中小企業等のDX
　を支援する「新しいアプローチ」による政策展開が有効との考えのもと、
　DX支援ガイダンスが策定されている。
3）適切である。
4）適切である。

<u>正解　1）</u>

5－26　ＤＸ支援ガイダンス②

《問》経済産業省が2024年３月に策定した「ＤＸ支援ガイダンス」に関する次の記述のうち、最も適切なものはどれか。

1）ＤＸ支援とは、企業におけるデジタル化またはデジタル技術の導入の取組みに関する支援のみのことを指し、支援機関は、ＤＸ支援を顧客の本業支援とは切り離した別個の活動と捉えて取り組む必要がある。

2）支援機関のうち地域金融機関は、中堅・中小企業等に第三者として中立的な目線を保ちながらアドバイスを行うため、中堅・中小企業等からの要求に応じて受動的にＤＸ支援に取り組むべきである。

3）支援機関は、コンサルティングフィーなどの短期的・金銭的な利益を最大限獲得することを目指してＤＸ支援に取り組むべきである。

4）ＤＸ支援を効果的に実施するため、特に「主治医」としての役割が期待される支援機関は、主体性をもって能動的に、かつ、有機的に支援機関同士が連携する形を追求するべきである。

・解説と解答・

1）不適切である。最終的に目指すべきＤＸは企業の経営変革そのものであることから、支援機関はＤＸ支援を顧客の本業支援の一環として捉え、実施することが必要である。効果的かつ効率的にＤＸ支援を実施するため、支援機関は、下記のようなポイントを考慮しながら、支援対象企業がどの段階にあるのか、また、ＤＸ支援を受け入れる意思があるか、を見極める必要がある。

〈支援機関がＤＸ支援を実施するに際して考慮すべきポイント〉

・ＤＸが全社的な変革になることを特に経営者・経営層が理解し、ＤＸに取り組む意欲があるか

・ＤＸ支援が中長期にわたるものであっても、企業に取り組む土壌があるか

・ＤＸを通じて最終的には企業の価値向上を目指していくことに、企業が意欲を持っているか

・経営者・経営層がデジタル技術の活用に関し、サイバーリスク等の事業リスクを考慮しているか

　　また、あくまでもＤＸ推進の主役は企業であり、支援機関には、企業の
ＤＸが経営ビジョンに照らして適切であるかを第三者としてアドバイスす
る役割もある。そのため、目指すべき理想像と現状のギャップを認識した
うえで、そのギャップを埋める一手段としてデジタル技術を利用するとい
う考えを支援対象企業および支援機関双方が認識すること、また最終的に
は、企業が自走できるようなＤＸ支援を心掛けることが重要である。

2）不適切である。支援機関のうち、地域金融機関、地域ITベンダー、地域
　　のコンサルタントは、中堅・中小企業等と日常的に対話を重ね、当該企業
　　を一番近くで支援し、成長を見守り続ける「主治医」のような存在とし
　　て、特に主体的かつ能動的にＤＸ支援に取り組むことが期待されている。

3）不適切である。ＤＸは経営者がリードして、全社的に取り組む中長期的な
　　経営変革であることから、ＤＸ支援は支援機関にとって短期的には必ずし
　　も支援機関の収益に繋がらないことも想定される。このため、ＤＸ支援に
　　おいては、短期的な目線で、金銭的な「利益」のみを獲得することを目的
　　とするのではなく、中長期的な視点から、支援対象企業の企業価値向上を
　　目指し、非金銭的な「利益」も含めて、ＤＸ支援に取り組む意義を考える
　　べきである。また、こうした考えのもと、支援機関の経営者はＤＸ支援を
　　中長期的な「利益」を生む取組みとして認識し、組織としてＤＸ支援への
　　コミットメントを表明すること、そして、支援機関としてＤＸ支援を効果
　　的に実施するために、経営者を中心に、トップダウンで支援機関の組織全
　　体の体制整備を実施することが重要であると指摘されている。

　　なお、中長期的なＤＸ支援により支援機関が得ることのできる「利益」
　　としては、下記のようなものが考えられる。

　〈中長期的なＤＸ支援により、支援機関が実際に得ることのできる「利
　　益」の具体的な例〉

　　・支援先（顧客）との新たな関係の構築や更なる信頼の強化
　　・支援先（顧客）が成長することによる支援機関の本業成長（コンサル
　　　ティングフィーの増加、サービス導入の増加、新たな事業展開への投資
　　　実行 など）
　　・コンサルティング能力の向上や伴走支援ノウハウの蓄積
　　・地域における支援機関としての評価の確立
　　・財務・非財務を問わない顧客が有する本質的な課題への理解

4）適切である。中堅・中小企業等が抱える課題の多様化・複雑化、生成ＡＩ
　　の登場などに見られるデジタル技術の急速な発展により、ＤＸ支援におい

て、支援機関単体での対応が難しいケースも増えてきている。支援機関同士の連携は、①支援機関それぞれが持つ強み・弱みの相互補完、②支援機関同士のネットワーク内での情報共有、の2つのメリットを得る点から有効であると考えられ、支援機関同士の連携にあたっては、特に「主治医」としての役割が期待される支援機関が、主体性をもって能動的に、かつ、有機的に連携する形を追求するべきである。

正解　4）

5－27　取引先のＤＸ支援①

《問》Ｘ銀行の営業担当者Ａが、Ｙ社の社長Ｂから「我が社でもＤＸに取り組んでいきたいと考えている。近年の売上低下を回復するべく、まずはマーケティング分野からＤＸを進めたいと考えているが、何から着手すればよいだろうか」とアドバイスを求められた。現時点でＡが知っているＹ社の情報は次の通りである。

【Ａが知っているＹ社の情報】

・創業15年目、食品卸売業

・社員は30人で、ＩＴ専門人材はいない

・約300種類の商品を取り扱っているが、販売データはすべて紙台帳で管理している

・近年低下傾向にある売上の回復を図りたいと考えているが、売上低下の要因分析は行っていない

・これまでＸ銀行との取引はない

　現時点でのＢに対するＡの対応として、次の記述のうち、最も適切なものはどれか。

1）ターゲティング広告を利用した効果的なＹ社商品の販売促進を勧め、ターゲティング広告を得意とする広告代理店と取引するよう提案する。

2）「ブレインストーミング」を活用して売上低下の要因、現状のマーケティングの課題、ＩＴを取り入れて新たに取り組みたいマーケティング手法などを検討し、その結果を踏まえて今後のマーケティング計画を立案するよう提案する。

3）Ｙ社の販売データを電子データに置き換えて各商品の販売状況を可視化し、直近の売れ筋商品を特定したうえで、その販売に注力するよう提案する。

4）ＩＴを活用したマーケティングに精通するソフトウェア販売業Ｚ社の事例を紹介し、Ｚ社と同様のマーケティング手法を採用するよう提案する。

・解説と解答・

1） 不適切である。現時点では、Y社の売上低下の要因が分析されていないことから、Y社のマーケティング分野に関する課題が広告・宣伝にあるとは断定できず、ターゲティング広告の採用が有効であるかどうかは判断できない。まずはY社の売上低下の要因やマーケティング分野の課題を明確にしてから、具体的な課題の解決策を提案するべきである。なお、マーケティングとは本来「売る仕組みづくり」を意味する言葉であるが、「宣伝・広告」のみを指すと誤解されることが多く、注意が必要である。

2） 適切である。ブレインストーミングは集団でアイデアを出し合うことによって相互交錯の連鎖反応や発想の誘発を期待する技法である。なお、ブレインストーミングの成果を最大限にするためには、「結論厳禁（自由なアイデアの抽出を制限することを避けるため、判断や結論を下すことは次の段階に委ねる）」「自由奔放（誰もが思いつくアイデアよりも、奇抜な考え方やユニークで斬新なアイデアを重視する）」「質より量（さまざまな角度から多くのアイデアを出すことを重視する）」「結合改善（別々のアイデアを結合したり、一部を変化させながらアイデアを発展させることが推奨される）」という4原則を順守することが求められる。

3） 不適切である。現時点では、Y社の売上低下の要因分析がされていないことから、売れ筋商品の販売に注力することが有効であるかどうかは判断できない。また、Y社にとって、売れ筋商品の見極めがマーケティング分野の課題であるのかも不明である。まずはY社の売上低下の要因やマーケティングの課題を明確にしてから、具体的な課題の解決策を提案するべきである。なお、マーケティング支援においては、「マーケティング＝ターゲティング（ターゲットを絞り込んでマーケティング戦略を立案すること）」と誤解し、販売データを「商品ごとの営業推進先リスト」の作成にしか活用していないケースも多くみられている。取引先企業の課題解決に最大限の効果をもたらすマーケティング手法は何であるかを見極める視点が求められる。

4） 不適切である。狭義のITツールの導入が前提となっているうえ、食品卸売業Y社とソフトウェア販売業Z社では業種が異なっており、Z社のマーケティング手法がY社にとっても効果的なものであるとは限らない。

<u>正解　2）</u>

5－28　取引先のＤＸ支援②

《問》Ｘ銀行の営業担当者Ａが、Ｙ社の社長Ｂから「我が社でもＤＸに取り組んでいくために、社内でＤＸ人材を育成していきたいと考えているが、何から着手すればよいだろうか」とアドバイスを求められた。現時点でＡが知っているＹ社の情報は次の通りである。

【Ａが知っているＹ社の情報】

・創業15年目、生活雑貨の卸売業
・社員は50人で、うちＩＴ関連業務を行っているのは、受発注システムなどの既存システムおよびWebサイトの運用担当の２人のみである
・Ｙ社はＤＸの重要性を認識してはいるものの、ＤＸ推進計画はこれから検討・立案する段階にある
・Ｙ社は過去にＤＸ実行への具体的な取組みを行った経験はなく、ＤＸ人材の育成に取り組むのも今回が初めてである
・これまでＸ銀行との取引はない

　現時点でのＢに対するＡの対応として、次の記述のうち、最も不適切なものはどれか。

1）経済産業省の「ＤＸ推進スキル標準」の内容を紹介したうえで、会社・事業の状況、Ｙ社のＤＸ推進計画の内容などによって必要な人材類型は異なることを説明し、まずはＹ社のＤＸ推進計画を立案し、必要な人材像を定義するよう提案する。

2）ＤＸの内製化を目指して、文法が平易なプログラミング言語であるPython（パイソン）の現業部門での習得を奨励し、その習得に際して会社として補助金を拠出するなどの策を通じ、ＤＸ人材について大手企業に負けない競争優位性を確保するよう提案する。

3）Ｙ社におけるＤＸ実行に必要な能力を持つ人材すべてを社内育成する必要はなく、専門性の高い技術などは外部リソースを活用することも１つの選択肢であると助言する。

4）効果的にＤＸ人材の育成や活用を行うためには、Ｙ社の経営層においてＤＸ人材育成計画が共通理解されている必要があり、Ｙ社の中期経営計画へ反映させることで共通理解を促すことも１つの選択肢であると助言する。

・解説と解答・

1) 適切である。「ＤＸ推進スキル標準」は、経済産業省、独立行政法人情報処理推進機構（IPA）の公表する「デジタルスキル標準」のうち、企業がＤＸを推進する専門性を持った人材（ＤＸ人材）を育成・採用するための指針である。「ＤＸ推進スキル標準」においては、ＤＸ人材の役割や習得すべきスキルが、５つの人材類型（①ビジネスアーキテクト、②デザイナー、③データサイエンティスト、④ソフトウェアエンジニア、⑤サイバーセキュリティ）により定義されている。人材類型により、必要とする知識やスキルは異なるため、まずはＹ社のＤＸ推進計画や、必要とする人材類型を明確化したうえで、具体的な人材育成計画を検討することが望ましい。

2) 不適切である。現時点では、Ｙ社のＤＸ推進計画は検討前の段階であることから、Ｙ社に必要な知識・スキルが明確化されておらず、特定のプログラミング言語の習得が有効かどうか判断できない。まずはＹ社が取り組むＤＸ推進計画を策定し、人材に求める知識・スキルを明確化してから、具体的な育成方法や育成対象について検討するべきである。

3) 適切である。経済産業省「中堅・中小企業等向け「デジタルガバナンス・コード」実践の手引き2.1」においては、ＤＸへの取組みにあたり、必要な人材を確保することは容易ではなく、人材育成にも時間がかかることから、外部の力を活用することによってＤＸへの取組みを推進しつつ、その過程を通じて社内にノウハウ・スキルを蓄積し、中長期的な目線で人材育成に取り組んでいくことも重要である旨が指摘されている。ただし、外部リソースの活用にあたっては、特定企業の独自技術やサービスに大きく依存し、他社のリソースへの切り替えが困難になる「ベンダーロックイン」状態に陥る可能性もあるため、社内における外部リソースの活用方針を明確にし、外部リソースに振り回されないよう注意を払う必要がある。

4) 適切である。ＤＸの実行にあたっては全社横断的な改革を伴うことが多いが、組織の多くは縦割り構造であることから、ＤＸ実行計画の全体像が経営層で認識されておらず、一部経営層の反対により計画が実行できずに失敗に終わるケースがある。したがって、ＤＸ人材の育成やＤＸの成功に向けては、ＤＸ人材育成計画やＤＸ実行計画を経営層が共通理解していることが肝要となる。経済産業省「中堅・中小企業等向け「デジタルガバナンス・コード」実践の手引き2.1」においても、ＤＸへの取組みは一度行え

ば終わるものではなく、中長期的な目線で継続的に変革を続けていくことが必要であり、これらの取組みを支える内部人材の育成や、変革を受け入れる組織文化の醸成等についても、戦略的に取り組んでいくことが求められると指摘されている。

<u>正解　2）</u>

2024年度版
金融業務3級　DX（デジタルトランスフォーメーション）コース試験問題集

2024年6月6日　第1刷発行

編　者　一般社団法人　金融財政事情研究会
　　　　　　　　　　　　　　　検定センター
発行者　　　　　　　　　　　加藤　一浩

〒160-8519　東京都新宿区南元町19
発 行 所　一般社団法人 金融財政事情研究会
販 売 受 付　TEL 03(3358)2891　FAX 03(3358)0037
URL https://www.kinzai.jp

本書の内容に関するお問合せは、書籍名およびご連絡先を明記のうえ、FAXでお願いいたします。　お問合せ先FAX　03(3359)3343
本書に訂正等がある場合には、下記ウェブサイトに掲載いたします。
https://www.kinzai.jp/seigo/

ISBN978-4-322-14526-7